国家出版基金项目
NATIONAL PUBLICATION FOUNDATION

上海三联人文经典书库

128

古希腊智慧

[英]理查德·利文斯顿 著

张艳 许敏 译

GREEK GENIUS & ITS MEANING TO OUS

上海三联书店

“十四五”国家重点图书出版规划项目
国家出版基金资助项目

总　序

陈　恒

自百余年前中国学术开始现代转型以来，我国人文社会科学研究历经几代学者不懈努力已取得了可观成就。学术翻译在其中功不可没，严复的开创之功自不必多说，民国时期译介的西方学术著作更大大促进了汉语学术的发展，有助于我国学人开眼看世界，知外域除坚船利器外尚有学问典章可资引进。20 世纪 80 年代以来，中国学术界又开始了一轮至今势头不衰的引介国外学术著作之浪潮，这对中国知识界学术思想的积累和发展乃至对中国社会进步所起到的推动作用，可谓有目共睹。新一轮西学东渐的同时，中国学者在某些领域也进行了开创性研究，出版了不少重要的论著，发表了不少有价值的论文。借此如株苗之嫁接，已生成糅合东西学术精义的果实。我们有充分的理由企盼着，既有着自身深厚的民族传统为根基、呈现出鲜明的本土问题意识，又吸纳了国际学术界多方面成果的学术研究，将会日益滋长繁荣起来。

值得注意的是，20 世纪 80 年代以降，西方学术界自身的转型也越来越改变了其传统的学术形态和研究方法，学术史、科学史、考古史、宗教史、性别史、哲学史、艺术史、人类学、语言学、社会学、民俗学等学科的研究日益繁荣。研究方法、手段、内容日新月异，这些领域的变化在很大程度上改变了整个人文社会科学的面貌，也极大地影响了近年来中国学术界的学术取向。不同学科的学者出于深化各自专业研究的需要，对其他学科知识的渴求也越来越迫切，以求能开阔视野，迸发出学术灵感、思想火花。近年来，我们与国外学术界的交往日渐增强，合格的学术翻译队伍也日益扩大，同时我们也深信，学术垃圾的泛滥只是当今学术生产面相之一隅，高质量、原创作的学术著作也在当今的学术中坚和默坐书斋的读书种子中不断产生。然囿于种种原因，人文社会科学各学科的发展并不平衡，学术出版方面也有畸轻畸重的情形（比如国内还鲜有把国人在海外获得博士学位的优秀论文系统地引介到学术界）。

有鉴于此，我们计划组织出版"上海三联人文经典书库"，将从译介西学成果、推出原创精品、整理已有典籍三方面展开。译介西学成果拟从西方近现代经典（自文艺复兴以来，但以二战前后的西学著作为主）、西方古代经典（文艺复兴前的西方原典）两方面着手；原创精品取"汉语思想系列"为范畴，不断向学术界推出汉语世界精品力作；整理已有典籍则以民国时期的翻译著作为主。现阶段我们拟从历史、考古、宗教、哲学、艺术等领域着手，在上述三个方面对学术宝库进行挖掘，从而为人文社会科学的发展作出一些贡献，以求为21世纪中国的学术大厦添一砖一瓦。

第二版序言

在这个版本里，我做了一些修改。我也希望能改变第三章留给某些评论家的印象。我从来没有通过贬低英语文学来赞扬古希腊文学的意图，或将它们两个作为整体进行比较；我选择英语文学的例子，是为了通过对比，引出古希腊文学特定的特征。我选择了**一些**英语诗歌，但它们不是最优秀的英语诗歌。

第一版序言

我刚开始教拉丁语和希腊语时，一位朋友问我觉得自己能从中学习到什么，又想教给其他人什么。我写这本书就是为了回答这个问题，至少是希腊语部分。这本书是为了告诉人们一些事情，主要是告诉我自己，其次是我的学生。因此我希望它能受到大众欢迎，像琉善的诗歌那样，不为最有学识或受教育程度最高的人（neque indoctissimis neque doctissimis）而作。本书用了很多现代例子，而且尽量用通俗的语言表达观点。我希望它能成为大众学习古希腊文学的入门作，因此我希望它不仅能被研究古典文学的师生接受，让他们觉得自己身处课堂，还能被对古希腊如何造福世界有广泛兴趣的大众接受。因为我的目的，是尽量让古希腊精神在当下栩栩如生，尽量将它翻译为现代语言，尽量找到它和我们当下思考与感受的方式之间的联系。

如果我没能为自己完成这项野心勃勃的任务的方式而道歉，那绝不是因为我没有做错任何事。很少人能就这个话题写一本书，然后对作品满意。但是，如果我的说服力不够强，我一定会引起争议，这种情况下的教育意义比第一种情况强。我会以同样理由为自己留下那么多未解答的问题而辩护：我无法满足读者，但有可能给予他们灵感。 5

“古希腊智慧”不是一个好书名，因为本书丝毫没有提到古希腊政治或古希腊雕塑；但“古希腊文学的智慧”不足以囊括我的写作目的，我本该选择“古希腊智慧的几个方面”，但它已经被占用了。于是我选用了现在这个名字，本书涵盖的内容将在前言章节写明（参见本书第13、14页）。那个章节同样解释了我出于写作目的对“古希腊人”的定义；该章节旨在保护本书不受某些批评，不关心的读者大可以跳过。

由于我在为大众写作，我要么使用英语引文，要么为引文附上自己的翻译。对于修昔底德（Thucydides）和柏拉图（Plato）的作品，我主要使用乔伊特（Jowett）的译文。我通常不会告知读者自己对引文做了删减，除非这些删减影响到了引文大意。对于这种书目来说，索引没有太大用处，所以我用完整的目录代替它了。

本书之所以能写成，要感谢我的母亲和妹妹，她们做了一些评价，还在其他方面给予了帮助；还要感谢我的前任导师P·E·马西森（P. E. Matheson）先生，感谢出版社的R·W·查普曼（R. W. Chapman）先生，他们为本书进行了校对，提供了宝贵意见；我还要特别感谢吉尔伯特·默里（Gilbert Murray）教授，他不仅阅读并评价了本书大部分初稿，还像教导很多人那样教导我，如何将古希腊思想视作鲜活的事物。[1]

1 然而我无权表明默里教授赞同本书的内容。

目 录

前　言

欧洲面积约为400万平方英里（约1036.00万平方公里）；兰开夏郡（Lancashire）为1700平方英里（约4402.98平方公里）；阿提卡（Attica）只有700平方英里（约1812.99平方公里）。然而这一小片地区为我们带来了璀璨的艺术，往后世界上所有艺术都将以它为原型，受它影响，但只能勉强与它平起平坐，无法超越它。这片地区主宰了我们各大知识思想领域的词汇。政治、专政、民主、无政府主义、哲学、生理学、心理学、地质学、历史——这些都是古希腊语词汇。它从古至今控制着我们的高等教育。它经久不衰地散发着永恒的魅力，就连不熟悉或憎恶它的人头脑也会受到影响。此后古罗马占领了希腊文化。古罗马的年轻人在古希腊学府深造。古罗马的演说家向古希腊的修辞学者取经。古罗马总督前往东方途中，都会停歇一两日，走进学院（Academy）或学园（Lyceum），与柏拉图（Plato）或亚里士多德（Aristotle）的传人交谈。古罗马贵族常常聘请古希腊哲学家为家庭教师，而古希腊人则少有这般需求。有一位纯种希伯来人叫圣保罗（S. Paul），他将古希腊人的智慧称之为愚蠢，还曾被带到古希腊的露天高等法院，最后却不知不觉被古希腊化，引用起了古希腊诗人创作的诗句。在他之后，历来反对古希腊文化（Hellenism）的教会，不仅将其 11

教义翻译成了希腊语，并最终在亚里士多德哲学的基础上对其加以完善
12 凝炼。接下来一段时间里，古希腊对西方的影响渐衰。一个平庸的知识与政治体系控制了世界，而古希腊文化被埋葬在拜占庭（Byzantine）的图书馆里，囚禁于一门已被欧洲遗忘的语言之内，似乎终于谢幕退场。然而几个世纪过去，突然间，人们发现意大利人沉醉于古希腊精神，就像沉醉于一坛新酿的葡萄酒；他们细细审视这种精神，解读它，并无可救药地误读它。为重现其往日辉煌，他们放弃了前拉斐尔派（Pre-Raphaelite）艺术；为模仿帕台农神庙（Parthenon），他们遗忘了宏伟的哥特式（Gothic）建筑；为搜寻它晦涩难懂的手稿，他们抛弃了但丁（Dante），并甘愿献上财富与生命。即便如此，古希腊文化的复兴依旧没有终结，但也没有实现。两个世纪后，一位穷苦商人的儿子出生在“丑陋的勃兰登堡（Brandenburg）沙丘”。他在当时死气沉沉的德国大学里接受教育，却瞥见了古希腊艺术真正的意义，在担任教师和图书馆管理员的乏味岁月里，他始终没有忘却这惊鸿一瞥。他自称信奉古罗马精神（Romanism），并追随它的光芒来到意大利，在那里与古希腊雕塑结下不解之交。他“在艺术领域里替心灵发现了一种新的机能和一种新的研究方法（朱光潜译）。”[1] 在温克尔曼（Winckelmann）的带领下，复兴古希腊文化的比赛重新开始，并一直持续至今。他将古希腊文化的火炬传给歌德（Goethe），火炬塑造了这位现代世界最具影响力的诗人的人生法则和审美标准。歌德将火炬传给尼采（Nietzsche），我们时代最伟大的反叛者和预言家，就这样在前苏格拉底时期的希腊找到了最接近
13 内心理想的人性。不断被雪藏——因为世界对它无力承受；但又不断被重新发现——因为它对世界不可或缺：这便是古希腊才智的遭遇。

这种智慧的本质是什么？

从贫瘠之地到庞大帝国？（a paupere terra missus in imperium magnum?）

1 黑格尔引自佩特关于温克尔曼的随笔（*Renaissance Studies*）。

前　言

是什么特质让它出类拔萃，经久不衰？为什么它受众广泛，从西塞罗（Cicero）、圣保罗、皮科·德拉·米兰多拉（Pico della Mirandola）到尼采皆被它吸引？它的著作在哪方面贴近我们？它成功的秘诀何在？我们仍未解开它珍贵的秘密，还是我们已经将它超越？古希腊是否代表了一种生活观？如果是，应该是哪种？古希腊文化和基督教相似、冲突抑或互补？如今我们之中还有古希腊文化学者吗，古希腊文化又是什么？古希腊文化对我们是充满智慧的讯息，还是它的理念已和古希腊语一并消亡？我们习惯将科学视作现代的新生儿，那么希腊文化与现代思想，尤其是与现代科学思想之间有何联系？千百年来，希腊到底经历了什么变化？荷马（Homer）和希罗多德（Herodotus）之间，希罗多德和修昔底德（Thucydides）之间，修昔底德和亚里士多德之间究竟有多少相似？是什么样的精神层面的发展，将公元前六世纪带入了公元前五世纪，又将公元前五世纪带入了公元前四世纪？

我们自然期待每位学习过古希腊史的学生，在从公立学校毕业后，多少能回答这些显而易见的问题：这些问题太简单了，如果有学生答不上来，人们有足够理由相信他们上课都在睡觉。然而许多人成功毕业了，他们熟读古希腊经典，顺利通过了各类考试，但对上述问题及答案仍然不清不楚，却也不会心怀愧疚。对这些人来说，本书或能派上用 14
场；因为不管读者有无此意，本书的写作目的，正是帮助他们明晰并理清对古希腊的模糊印象，在学习了十年古希腊课程后，许多人脑海中仅剩这些模糊印象。本书不会直接解答上述所有问题，但会涉及绝大多数，因为本书只注重探讨成就古希腊辉煌的诸多品质，并从典籍中概述古希腊才智的主要组成。对于政治，我们无意涉及。

在试图定义一个种族的智慧时，最常见的质疑便是没有一种智慧能概括整个种族，至少概括不了我们统称为古希腊人（The Greeks）的这一种族。我们是否要用冰冷狭隘的公式，去定义他们丰富蓬勃的文化活动？去定义菲狄亚斯（Phidias）、客蒙（Cimon）、阿尔西比亚德斯（Alcibiades）和亚里士多德？去定义在皮奥夏（Boeotian）开办农场的赫西俄德（Hesiod）、由衷赞美运动员获胜的品达（Pindar）、在市场不停追问他人的苏格拉底（Socrates）和动辄抹黑敌人的阿尔基罗库斯（Archilochus）？或者，是否应该重新定义那些普通的雅典人，定义那些从库那克萨（Cunaxa）战役起就追随色诺芬（Xenophon）和他率领的希腊雇佣军的普通人，定义那些在大酒神节（the Great Dionysia）聆听悲剧诗，或是将自己灌醉以敬上帝，或是排成神秘队列走向埃莱夫西纳（Eleusis），抑或是为远征西西里或是谴责伯里克利（Pericles）行使投票权的普通雅典人？是否可以用几个短语就全面概括一个种族？我们是否应该尝试这样去概括古希腊人？毫无疑问，这种做法很鲁莽。但人们普遍相信英国人有自己的特性，尽管英国人数量众多，举止各异。我们可以说，英国人热爱法律和习俗，虽然雪莱（Shelley）也是英国人；英国人冷静而波澜不惊，虽然南海泡沫事件（South Sea Bubble）违背了这一结论。所以，我们也可以明确定义古希腊人的特性，谁也不会将它与古罗马或其他种族的特性混淆。

就这点达成共识后，下一个难点是如何定义古希腊人：我们说的古希腊人，是指多利安人（Dorians）、爱奥尼亚人（Ionians）和伊奥利亚人（Aeolians）；还是缩小范围，只囊括大的族群：雅典人（Athenians）、斯巴达人（Spartans）、底比斯人（Thebans）和亚细亚的希腊人（Asiatic Greeks）？而且，我们要考量的是普通公民，还是哲学家、诗人和艺术家？比如，在雅典，我们需要考察客蒙和色拉西布洛斯（Thrasybulus），以及在演说家私人演讲上出现的普通人吗？还是只包括修昔底德和柏拉图，以及他们的同侪？而且，我们所说的古希腊精神来自哪个时代？荷马时代之前和德摩斯提尼（Demosthenes）出现之后的人和事是否需要排除在外？如果这样做，我们就只能看到那巨大生命力（élan vital）的一半表现，我们得出的结论岂非毫无意义？如果不这样做，我们该如何将历史学家修昔底德和演说家阿里斯提德（Aristides）归为一类，将参加葬礼演说（Funeral Speech）的听众和罗马帝国饥渴的伪希腊人（Graeculus esuriens）归为一类？现在这里有三个问题，我们将逐一解决。

首先：我们说的古希腊才智，是指一种精神，体现在特定的人身上，这些人都居住在受爱琴海洗刷的大陆。种族似乎只能部分界定它。它的心脏区域位于雅典，还有少量碎片散落在斯巴达。但品达拥有这种智慧，尽管他是底比斯人；亚里士多德同样拥有，尽管他来自斯塔吉拉（Stagira）；泰勒斯（Thales）也拥有，尽管他在亚洲出生长大；荷马也拥有，尽管他的出生地不明。或许这种定义规避了难点，但它看上去符合事实。

第二：在定义这种精神时，我们应着眼于它被公认的最灿烂的花 16
期，即公元前600年至公元前400年；同时我们不能忘记，在这一百年后，希腊最具影响力的哲学思想才诞生，并开始广泛渗透世界。

当然了，这种限制相当武断，许多关于古希腊人的书籍和这些书籍的书评都没有处理好，因为那些作者要么刻意在亚里士多德处停笔，省略他之后的发展不写；要么忘记古希腊历史上曾出现多次运动，只因这些事件大多无人记载，或者顶多留下只言片语。他们否认古希腊人是神秘主义者，或是新柏拉图主义者（Neoplatonist）曾站出来反对古希腊人；他们否认古希腊人是禁欲主义者，否认俄耳甫斯主义者（Orphics）也会斋戒，否认毕达哥拉斯（Pythagoras）禁食豆子；他们否认古希腊人是苦行的卫道士，否认斯多葛主义者（Stoics）顺应天命的无为冷静；他们否认古希腊人有传教精神，否认犬儒学派（Cynic）的哲学家曾浪迹天涯布道；他们否认古希腊人关注自然景色，否认忒奥克里托斯（Theocritus）最优秀的诗篇几乎都与风景有关；他们否认古希腊人践行“为艺术而艺术”的理念，否认新智者学派（New Sophists）是象征主义文学狂人的前辈，甚至否认埃利乌斯·阿里斯提德（Aelius Aristides）在文学上展现的简约甚至胜于福楼拜（Flaubert）。事实上，古希腊人同时创造了低俗和高尚、理性主义和感性崇拜、苏格拉底和毕达哥拉斯、阿里斯托芬（Aristophanes）和芝诺（Zeno）。古希腊人是人性的缩影。他们身上有我们所有人的影子（Quemvis hominem secum attulit ad nos）：
一切人性一览无余。任何想凭借古希腊才智著书的人，都应该在写作中 17
学会：不要随意否认古希腊人的任何品质。

但如果古希腊人如此多面，若他们的智慧延伸了如此多个世纪，为何我们要局限在它特定的几项表现上呢？为什么我们几乎不提亚历山大学派（Alexandrian）学者，或斯多葛主义和新柏拉图主义的哲学家呢？

这里有几条原因：最重要的一条，我们不是在写古希腊人的历史，甚至不是在写古希腊才智的历史，我们是在解释它对我们后世的影响。目前看来，古希腊文化里某些成就成为了世界永恒的遗产，有些成就则不然；有些成就要么毫无价值，要么价值不大，要么已在其他书里被大肆宣扬。对于这些成就，我们将一笔带过，或彻底略去——其中包括新柏拉图主义、俄耳甫斯主义、神秘主义和亚历山大学派科学。此外，每个种族里都有一些个体，他们能体现其民族智慧，其余个体则恰恰相反，是民族智慧的副产物、“变种”、叛徒和外人。在谈论种族智慧时，我们将关注前一类个体，而忽略后一类个体。因此在谈论英国智慧的历史时，我们应该少谈克拉肖（Crashaw）、蒲柏（Pope）、布莱克（Blake）、济慈（Keats）、雪莱、克拉夫（Clough）和佩特（Pater），而多谈乔叟（Chaucer）、弥尔顿（Milton）、约翰逊（Johnson）、狄更斯（Dickens）、博罗（Borrow）、麦考利（Macaulay）和勃朗宁（Browning）。我们在谈论古希腊才智时也该做类似的删减。我们应该关注某一特定年代，该年代孕育了最伟大的作品，是人们公认的黄金时代。雪利酒商贩会准备一桶花蜜，用以调出酒的风味。他们管这叫母酒（madre vino）。公元前600年至公元前400年就是古希腊文化的母酒。尽管成就卓越，但普鲁塔克（Plutarch）和琉善（Lucian）、芝诺和伊壁鸠鲁（Epicurus）都是相对晚期的古希腊人。他们本身和前人不同；更
18 重要的是，他们所处的环境已经改变。古希腊文化仍在开花结果，但培养它的土壤已不如从前那般完美。原来那股活力已然减弱、老化。但朗吉努斯（Longinus）表达过这样的意思：就算步入老年，那也是古希腊的老年。

第三个也是最后一个问题：说到古希腊人时，我们应该主要想到思想家和作家；至于普通雅典人，往后若有特殊需求，我们再去定义他

们。如果有人翻开这本书，是想寻找对普通古希腊人的描述，那他一定会大失所望。他可能会发现，作者在讨论希腊这个国家时，没有触及其实际的政治能力，只字不提古希腊占领的殖民地、与波斯的战争（the Persian wars）、在科西拉岛的大屠杀（the Corcyrean massacres），以及关于米蒂利尼的辩论（the Mytilenean debate）；也只字不提诚实的客蒙、爱国的色拉西布洛斯、才思敏捷的阿尔西比亚德斯、才华横溢的特米斯托克利（Themistocles）和粗野无耻的埃斯基涅斯（Aeschines）。柏拉图说他的公民“对金钱有着永无止境的爱”，[1] 在其诉讼中，一半古希腊人为了钱做过伪证。[2] 在接下来的章节里，你读不到这些：我们将忽略古希腊人所有的恶习和弱点，甚至忽略他们的部分美德。

若评论家发现这点，可能会要求本书加入更多“历史背景”；我自然需要为自己的写法辩护。下面这项类比或许能做到。

假如我的野心更大，不研究希腊文化，而尝试写一本有关基督教智慧的书，我可能会将基督教描述为一种宗教，它会把为上帝服务的强制性要求放在首位，将私欲视作服务中最大的阻碍，无论这种私欲表现为对快感的追逐，还是对物质的占有。这种宗教憎恶空洞的规则和形 19
式，因为它信奉精神追求，门徒大多来自贫穷、有罪、被拒绝或被轻视的群体；我可能还会完整引用《八福》(Beatitudes）和《哥林多前书》（first epistle to the Corinthians）里谈到爱（Love）的章节。然后，我可能会跨越几个世纪，从各年龄段中选出那些看上去洋溢着精神追求的男人、女人、国王、奴隶、隐士、百万富翁、哲学家或士兵。叙述时将他们的贡献放在首位，历史和人生故事放在次位，默默无闻的圣徒也罢，家喻户晓的名人也罢，都将在本书里拥有一席之地。其实，我真该要么略去其“历史背景”不谈，或是安插一段武断且（某种程度上）不实的背景。

然而，在叙述耶稣逝世后的基督教数百年的发展史时，若有作家用

1 《法律篇》(Laws)，831。

2 出处同上，948。

教会历史上那些不堪的丑闻来平衡或冲淡其发展中的高光时刻，那他的这份修正版，比起我上文提到的理想但不实的缩略版，能否更真实体现基督教的**意义**？在其他条件相同的情况下（Ceteris partibus），不会的。

若我们试图理解基督教的智慧，就不能研究那些声称自己拥有这种智慧，但却同时侍奉上帝和玛门（Mammon）[1]的人，哪怕他们仍被宽容的世界所接纳，仍有资格住在被上帝应许承诺、分享神的国度，也不应该被列为研究对象；我们应该研究圣徒们的生活。对古希腊文化也是如此。要理解古希腊才智，我们就不能关注身上有诸多杂质，只是零星散发这种智慧光芒的人，而要关注那些真正体现古希腊才智的人，即古希腊才智的“圣人”；同时，我们不能着眼于他们的短处，而要着眼于长
20 处：不能着眼于他们是什么，而要着眼于他们倾向于成为什么，用一个达意的古希腊语短语表达，即着眼于他们的价值。

基督教里的圣徒来自各行各业，但若有本记录天使（Recording Angel）的书，则它可能会写道，大多数天使原本是“这个世界的愚人”，过着贫穷、乏味且无知的生活。古希腊文化的圣徒则完全来自另一个群体。品达、伯里克利、修昔底德和苏格拉底是其中的代表人物，这些圣徒的脑海中早早就闪现着艺术的图景、科学的概念，或者满是希腊人民都能过上美好、完整且人性化生活的梦想。

> 希腊和她的根基
> 建立在战争的浪潮之下，
> 埋藏在透明的
> 思想和永恒之海。

思想家和艺术家才是古希腊文化的缔造者和基石：他们才是本书要考察的对象。至于那些野心勃勃、欺瞒狡诈或迷信迂腐的古希腊人，我们通通略去：因为那些品质不是古希腊留给欧洲的慷慨馈赠。我们也不

1 玛门（Mammon）：即金钱（money）——译者注

讨论古希腊的俄耳甫斯主义、冥间崇拜（Chthonian worships）、人类学、政治失败、商业道德、军队效率，或是它对野蛮人、奴隶和妇女的态度。普通的古希腊人也有可能引起我们的注意，前提是这人拥有这一种族的智慧，是这波冲击世界浪潮中的一朵水花；或者这人能过上族内思想家和艺术家设想的生活；或者这人是思想家和艺术家们不可缺少的听众，是塑造他们的社会环境（milieu），亚里士多德或许会把这种人称为资助者（ἐκτὸς χορηγία）。但在其他情况下，我们不会关注古希腊的普通人。我们不是在为古希腊人作传，而是尝试提出有关古希腊文化的 21
观点。

但即使是最伟大的古希腊人，身上也有很多我们需要忽略的东西。假如柏拉图和品达身上有俄尔甫斯主义者的特征，毕达哥拉斯对数字有怪异的痴迷；假如埃斯库罗斯（Aeschylus）与神秘主义有接触，欧里庇得斯（Euripides）和神秘主义及病态有联系，研究古希腊才智的学生有权利忽视这些怪癖，只要他觉得自己把握了古希腊文化的核心品质，而这些伟人的怪癖无损于这一核心品质。因为他关注的，不是古希腊文化偶尔披上，却最终丢弃一旁、任其落灰的外衣；也不是传染、损害并削弱古希腊文化力量的疾病；他的任务，是看清古希腊文化实力最强劲、发展最鼎盛时期的模样，至于有损或不属于这种文化的东西，他大可以忽略。

毫无疑问，这给了他极大的自由，让他有滥用手中权利的可能。但这点无可避免。没有哪种机械测试能衡量古希腊精神；没有测试，除了亚里士多德提到的那种；古希腊人的精神样貌如何，现代理性之人读后自有审慎的决断（ώς ό φρόνιμος άν όρίσειεν）。每位读者都是自己的主宰（φρόνιμος），我们只能尽量清晰地阐明观点，让读者自行决定同意与否。接下来的几章，我将尝试探论古希腊精神，但为了解释清楚我的立场，需要先说明自己遵循的准则。我发现，最纯粹的古希腊精神出现在荷马、公元前 450 年前的抒情诗、希罗多德和阿里斯托芬身上；等到索福克勒斯（Sophocles）和修昔底德时期，古希腊精神虽无变化，但已不是最新鲜饱满的状态；等到埃斯库罗斯、欧里庇得斯和柏拉图时

22 期，外来元素开始显现。公元前四世纪，一股疲倦情绪袭来，人们意识到生活的复杂性，这使得思想家身上的古希腊精神被削弱，演说家也被听众拖垮，只剩下平庸的思想，并或多或少沦为了政客的走狗。公元前336年后，自由的雅典灭亡；古希腊文化则处于中年期，为了让本书内容更为有趣，也更方便展开，我们将时间往前拨一个世纪。这种时期划分法主要取自尼采的观点；在古希腊研究领域，没有哪位批评家比他更敏锐了。

第一章　古希腊智慧：对美的注释

对古希腊智慧的评价，评论家之间一直有最意想不到的分歧。歌德认为 23
古希腊智慧像古希腊雕像一样平静庄严，正安详沉睡。他将古希腊人描
绘成生活在理想世界里的超凡人类，拥有沉着而厚重的激情。其他作
家则看见了一个属于那伊阿得斯（Naiads）、巴克坎忒斯（Bacchantes）、
葡萄酒与爱的世界，缠绵于醉酒放纵的狂喜之中，这种放纵来自一时冲
动的欲望和本能，体现在所有由血肉构成、赤身裸体的动物身上。在
霍布斯（Hobbes）眼里，古典教育似乎助长了对君主制的反叛，尤其
影响了那些“由于缺乏理性疏导而沉迷于军队领袖立下的赫赫战功中无
法自拔的年轻人及其他群体”；边沁（Bentham）用较为现代的话语表
达了类似观点，认为对古希腊人的研究可能导致人们效仿梭伦（Solon）
和来古格士（Lycurgus）的立法，从而危害财产安全；约翰逊也曾任性
地将德摩斯梯尼的观众描述为“一个蛮族，一群野兽”；十八世纪一位
翻译希罗多德的译者曾担心“懒散就是雅典人的特征”，担心他们“热
爱休憩，不喜劳作”。而今天你问一位本科生（他多半已学习古希腊语
十余年了），古希腊人最不寻常的特征是什么，他在犹豫片刻后，很可 24
能会大胆地猜测道：相比于我们，古希腊人对景色之美不太敏感。老生
常谈（Quot homines）……

上述有关古希腊文化的论述都不值得我们重点关注；它们有些已顺理成章被逐步淘汰；其他也有明显的狭隘或不完整之处；有一条我们将在后文讨论。但当下对古希腊文化的研究中，某些观点似乎越来越受关注，其重要性不容忽视。如今我们的注意力都集中在古希腊人的道德品质上，聚焦于他们是怎样对美德孜孜不倦、刻意进取并最终大获成功的过程上。这一观点要求我们将古希腊人视作一个种族，看到他们和其他文明国度一样，从原始社会崛起，本来遵循传统道德守则，残留着野蛮习性，后来却幡然醒悟，悄悄改正或丢弃了这些守则和习性，并用每个人都拥有的平凡力量，依照所有人都认同的标准，去探寻、发现并最终将正义、慈爱、人道和真理的理性原则深深植根于古希腊文化之中。我们被告知，研究古希腊人和他们的著作，就算不能为我们带来基督教意义上的福音（εὐαγγέλιον），也能向我们揭示生活中应该遵循的法则；同时，古希腊文明的崇拜者重视古希腊文化严肃的一面，他们会转向古希腊文学寻求指引，就像基督教的崇拜者会转向圣经那样。我想在此引用冯·维拉莫维茨-默伦多夫（von Wilamowitz-Moellendorff）教授的表述，但又想到默里（Murray）教授关于荷马的著作，里面有几篇文章似乎更能支持该观点。

上述观点绝非空中楼阁。就连最严苛的古希腊文化批评家也要承认，若一个国度诞生了亚里士多德的中道思想（Aristotelian doctrine of
25 the Mean）和斯多葛学派对美德的理想，为古罗马帝国提供了生存哲学，为基督教设定了伦理范式，它自然会成为人类的道德楷模；也不奇怪有人倾向将古希腊人最伟大的成就，归功于他们从野蛮到理性美德的奋斗。这固然是了不起的成就，但请先别被它蒙蔽，从而误以为古希腊智慧的核心品质是道德智慧。我们要反思，道德智慧真的是这个种族最核心、最突出、最独一无二的才能吗？它是涵盖整个国家的印记吗？是我们想到古希腊人时首先想到的品质吗？是古希腊人透过文学和历史表现出来的才能吗？是激发希腊哲学家想象力，启迪政治家思考，经由雕刻家的手和作家的笔而问世，在古希腊诗赋、艺术和遗迹中具象化的那股力量吗？当然不是。

一个种族最核心的品质，应该体现在它最杰出的代表人物身上。在那些最伟大的古希腊人拥有的智慧里，道德的激情只占了很小一部分（退一步来说）。即使在萨福（Sappho）和其同侪们身上，我们也很难找到一星半点。荷马和希罗多德身上也不明显。我们从阿喀琉斯（Achilles）或奥德修斯（Odysseus）身上学不到慈爱和正直。有人认为希腊文明比基督教更优秀，认为它剔除了后者的陈规教条，代之以文化的优雅和灵动，可古希腊人的杰出代表阿里斯托芬却站在了这种观点的对立面；有时人们会不安地想起（这种事情还是忘记更好），许多最雅
致的古希腊陶器都是为了满足恶习，许多最美丽的古希腊雕像的模特 26
都是臭名昭著的妓女。除非我们准备无视阿佛洛狄忒（Aphrodites），将希罗多德和阿里斯托芬列入《禁书目录》（index librorum prohibitorum），否则还是为古希腊人另寻一个更宽泛的定义吧。

即使像苏格拉底和柏拉图这类人，即便他们与阿里斯托芬以及希罗多德相去甚远，你也不敢确定，道德完善在他们的灵魂中占据多大分量。不是说他们具体哪条道德标准和我们不同，而是他们总体的道德环境就与圣保罗这类人不同。翻开圣保罗其中一篇使徒书信，里面充满了警告与鼓励，争论与训词，使徒圣保罗是在劝服某些较原始的社群践行基督教美德。紧接着的另一篇，他的规训汹涌而出，化为急躁的诘问，用引文一遍遍自证，以亲身经历、祷告和泪水晓之以情。你很难从圣保罗的作品里选出一个实例，因为他的《使徒书信》通篇流露着一种情绪，这种情绪除了在柏拉图和欧里庇得斯部分文章里可见，在其他古希腊文学作品中无处可寻；那是对正直的狂热渴求，对违背正直之人强烈的愤慨。他的谴责情绪泛滥成灾。对于性恶习，他是这样说的："不要让它成为你的一部分。"关于贪婪，他说极度贪婪之人死后到达不了神的国度。关于基督教最主要的美德，他写下了一个复杂的悖论，说即使一个人施舍物品接济穷人，拥有所有知识和信仰，如果他不具备仁爱之心，"这些都对他没有帮助"。不管是否合时宜，他无时无刻不在谴责
邪恶。对他而言，基督和邪恶水火不相容。他对上帝有着超常的妒忌。 27
而柏拉图对话里的氛围则截然不同。即使结论相同，劝服的语句也相对

冷淡。对比圣保罗，柏拉图和他老师的道德观似乎有一点机会主义的影子。

或许一部分原因是古希腊人对罪没有明确的概念。他们将自己犯下的罪过看成缺点，管它叫“过错”、“短处”。罪过难免发生，一旦发生，还是将它忘记比较好。花时间思考或懊悔失败没有用：最好的方式是向前看，下次争取进步。但对圣保罗而言，偏离正直之道可不是短处、闪失、弱点或失败，它是罪；而罪将阴魂不散，无法挽回（除非上帝介入调解），而且一旦犯下，就是“永恒犯下的罪”。

或许一部分原因是古希腊人不像圣保罗那样只对人性中有关道德的那一面感兴趣。古希腊人不会将所有力气花在美德上，而在圣保罗眼里，没有美德，人就无法了解上帝。古希腊人也不会满足于一个纯洁、清醒、仁爱、诚实、充满善良和慈爱的世界。古希腊人不会特别关注这些品质，在很多情况下，他会要求更多。他认为生命中除了道德，还有其他东西存在；政治、艺术、知识和节日还需要他的关注；在他看来，永远关注单一主题的圣保罗有些片面。

或许还因为古希腊人和犹太人的思维方式不同。就算古希腊人对道
28 德有浓厚兴趣，他对道德的态度也是趋于理性，而非趋于狂热。这里有一篇文章，本身不算出彩，但能佐证这个观点。文章讲述一位妇女一时受嫉妒驱使，试图毒死她年轻的继子。她的阴谋被识破，年轻人反过来策划谋杀她。阿波罗（Apollo）的女祭司来看他。“你听说了吗？”他说，“她打算杀死我。”“听说了，”女祭司回答，“但你的野蛮脾气是错的。”“我不可以弑杀那些试图谋害我的人吗？”他反问道。女祭司是怎么回答他的？她没有动怒，没有对这不敬的话语流露出不满，甚至没有夹杂任何情感，只是理性分析：“你知道的，女人总会嫉妒继子。”男孩对这一常识表示尊重，将自己的怨怼（ὠμότης）弃之一旁[1]。这样做很有古希腊风范。没有怒火或愤慨，只着眼于理性，笃信不疑；不是诋毁或威胁，而是指出罪是非理性的，人不能活在不理智中；古希腊人不似以

1　欧里庇得斯，《伊翁》(Ion)，1326 ff.。

赛亚（Isaiah）或是圣保罗，而更像苏格拉底。

理性能催生出最好的道德思想家，却锻造不出最好的道德改革家。希腊人对罪恶感的匮乏培养不出道德改革家，希腊人的多面性也同样造就不了道德改革家，因为这些特性会影响古希腊人的专注力——我差点想说“它们与专注力其实水火不容”——而没有专注力，人就不能有效地和人性深处的弱点作斗争。因此，即使希腊道德哲学家们颇有建树，我们也不能轻易地将古希腊人和最伟大的基督徒一起奉为道德家。然而，正当我写下这些文字时，芝诺、班纳杜斯（Panaetius）、波西多尼（Poseidonius）和斯多葛学派的老师们，凭借着他们那一腔对美德无怨无悔至死不渝的热忱，站起来反对我了。因此对于这样一个多面的种 29
族，否认他们任何方面的才能都会面临被攻击的危险。

每个人都有埋藏深处的秘密（magnum secretum），这些秘密能解开每个谜题，打开每一扇门。而我倾向于相信有一种核心品质，构成了古希腊智慧的主体部分。虽然这种品质不是对美的热爱或对正直的渴求，我们后面会谈及这点。眼下，最保险的做法是假设古希腊人如他们看上去那样多面，我们可以从中筛选出他们最显著的几种品质，用神学术语来讲，这个过程或许该叫做“为古希腊文化注释”。在后文里，我们将分别为这些注释下定义，并解释它们的重要性。完成后，我们会花大量时间观察它们之间有无共通点，它们可否溯洄同一起源。本书的主体部分将分别讨论这些品质，选择拦腰法（in medias res）进行跳跃式阅读是个好办法。我的第一条注释是对美的注释：美就算不是最重要的，也至少是古希腊文化中最显著的特征。

首先，让我们小心一种常见的误读。现代对古希腊文化的兴趣真正要追溯到温克尔曼时期，而温克尔曼对古希腊人的观点主要来源于后者的艺术。就这样，一个极少接触埃尔金石雕（Elgin Marbles）和阿佛洛狄忒石雕，且不懂得通过学习古希腊历史和文学来纠正自身对这些雕塑工匠们的认知的人，提出了自己的解读。在这种解读下，古希腊人首先是美的爱好者。他们在运动会上赤身裸体；他们崇尚美；雷斯迷恋这样的古希腊人；他们花大量的时间游戏庆祝；他们学会“观察得体的装 30

扮和行为举止”，哪怕是“快步行走都亵渎了他们心中礼仪之美”。[1]温克尔曼眼里只看得见古希腊艺术的宁静之美，只看得见尼俄伯（Niobe）和女儿在死亡的悲痛面前展现的冷漠与美丽，以及唯恐天下不乱的爱神那一脸平静和冷漠的气质；最后，他差点以为埃尔金石雕展现出的安详面容就是普通古希腊人的真实写照，幻想着雅典街道上都是披着长袍如雕像一般的人，波澜不惊度过安稳一生。

这种观点（歌德偶尔也对它表示支持）美化了几代欧洲人眼中的古希腊，并腐化成空洞无味的唯美主义，与温克尔曼原意相去甚远。五十年前，绝大多数人会说古希腊人身上最突出的东西就是对美的追求。他们的城镇由华丽建筑组成，庙宇用精美雕像点缀，子民几乎全是漂亮的年轻人，这些年轻人耗尽一生仰慕身边的美——这便是维多利亚时代中期人们眼中的雅典人；这可能仍是多数受过教育，对古希腊文化略知一二的人眼中的雅典人；一些名画将雅典年轻人描绘得娇弱无力，仿佛他们只需稍换衣物便可冒充伯恩·琼斯（Burne-Jones）画中的女子，而这些画作更是加深了这一误解。

或许我们会马上明白过来，古希腊人不像杰莱贝·波斯尔斯维特（Jellaby Postlethwaite），不像《佩辛斯》(Patience）里的唯美主义者，也不像威廉·里士满爵士（Sir William Richmond）笔下的年轻人。时时
31 为菲狄亚斯的杰作流连痴迷绝对不是雅典人的日常写照。其实，如果我们有机会和一位雅典人交谈，或许能澄清几点基本误会。比如，想象修昔底德和斯温伯恩（Swinburne）先生在贫民区相遇。可以猜测，来自维多利亚时代的斯温伯恩会将话题引向埃斯库罗斯和帕特农神庙，解释说他和朋友们无限向往旧时的雅典，因为在自己生活的世界里，美早已不复存在。毫无疑问，修昔底德会礼貌地接受对方的狂热赞美，但也会微微惊讶于对方的文明竟如此珍视这些东西；他可能会把这称之为“两耳不闻窗外事”(ἀπράγμων)，或是不务正业。“没错，”你可以想象修昔底德会说，“我们耗费巨资修建的神庙确实漂亮，埃斯库罗斯是位优秀

1 温克尔曼，*Hist of Greek Art*（tr. Lodge），pt. 2.c. 3. § 5。

的老战士和诗人，虽然我个人偏爱欧里庇得斯。但雅典还有更伟大的东西。我想你忘了我们的帝国，以及造就帝国的精神。雅典的荣光全仰赖于这种精神。有一天，正值战争刚刚结束，雅典人民生活困顿之时，在市民议会上，伯里克利说明了雅典人希望后人铭记自己的哪些成就——或许你早在有关他的记载里读过这段话了。伯里克利没有提到希腊诗歌、建筑或雕像；没有提到埃斯库罗斯或菲狄亚斯；他希望希腊的墓志铭是：'请记住，我们的城邦在这世上最负盛名，因为它从不屈服于灾祸。它在战争中奉献过最多生命，经历过最多苦难，哪怕我们的伟大终将褪色，美好的记忆也会长存。那是每一位希腊人的记忆，他会记得，我们统治过的臣民为世界之最；他会记得，最严酷的战争中，我们驱逐过散兵游勇，也击败过结盟而来的敌人；他会记得，我们居住的这座城 32
邦，曾聚集着这世上所有的财富和荣耀。懒惰之人或会批评我们，但上进之人会模仿我们，失败之人则会嫉妒我们。'"[1]

公元前五世纪的雅典人不见得比维多利亚时代中期的人更像唯美主义者，反而更接近科布登自由派（Cobdenite Liberal）。雅典人真正的特别之处，在于超凡的能量。他总是在忙些什么。雅典人带着孩童般的好奇心，投身于面前敞开的世界，去旅行、贸易、探险、战斗、在异地他乡安家、派遣小型军队、在国外策划扩张，并在国内执行改革。他是被选举人、选举人、管理者和公务员，却也不会因为忙碌而在法定节庆日忘记娱乐和宗教仪式。同时，在他万花筒般的一生中，艺术和文学也成为其众多职业中的一部分。公元前 458 年，这个人口还抵不上朴茨茅斯（Portsmouth）的小城镇，在与赛普勒斯（Cyprus）、埃及（Egypt）、腓尼基（Phoenice）、哈利依斯（Halieis）、埃伊纳岛（Aegina）和墨伽拉（Megara）的战争中折损了许多公民。柯林斯（Corinthian）的特使用以下这段话精准总结了雅典人的性格："他们有革命精神，孕育新构思和执行新计划一样迅速。他们永远旅居国外，希望离家能带来新的收获。做正事（τά δέοντα）就是他们的假期，在他们看来，无所事事和最

1　修昔底德，2. 64。

乏味的职业一样令人厌恶。如果有人说，他们生来享受不到平静，也不允许其他人享受平静，这人绝对在说实话。”[1] 色诺芬为雅典人的性格下
33 了相似定义。他先说没人能在国际歌唱比赛上超越雅典人，又补充道：“不是说他们声音比其他人甜美，体格比其他人高大，而是他们野心勃勃，这点不断鼓舞他们取得辉煌成就。”[2] 雅典人不接受华而不实的唯美主义。

雅典人的唯美主义观最初形成于公元前五世纪，并从公元前三世纪开始流行。此后古希腊文化着迷于“为艺术而艺术”的理念，对画作、雕像和其他珍贵物品（objets de vertu）的描述也越来越冗长。但在此之前的古典时期，人们对上述事物的态度，更接近色诺芬记录的苏格拉底名句所描述那样：“听别人讲述世间某位妇女的美德，比看见宙克西斯（Zeuxis）某幅精美画作更令我愉悦。”[3] 菲狄亚斯的老乡居然有这样的情怀！柏拉图的话更加明确。（如果色诺芬的文字应该篆刻在每家画廊里，柏拉图的话就应该篆刻在每家剧院门口。）他说，在理想状态下，悲剧诗人没有存在的必要，“我们自己都是悲剧作家。我们的悲剧作品都是我们能够创造出来的最好作品。不管怎么说，我们整个国家的建设是一种‘演出’，它表现的是一种最好的和最高尚的生活。”（张智仁、何勤华译）[4] 古希腊人热爱文学和艺术，但他们理想的存在状态不是不断闲聊文学和艺术。他们会走进剧院，但他们知道，看台上的表演比不上亲自参与生活这场大剧。他们对生活的兴趣大于艺术。

这么看来，古希腊人不是唯美主义者，除了对美的热爱，他们还有许多特质。但他们确实是世界上诸多华美雕像、宏伟建筑和优美诗歌的
34 创造者。仅从美的角度来看，他们的艺术和文学从未被超越过。因此，我们有必要了解，古希腊人究竟对美有着怎样的情感，才能创造出那样传世的作品。

---

1 修昔底德，1.70。

2 色诺芬，《回忆苏格拉底》（Mem.），3.3.13。

3 色诺芬，《经济论》（Oec.），10.1。

4 柏拉图，《法律篇》，817。

现代人对于什么是美有着较为一致的看法。我们的百万富翁，哪怕发着不义之财，对霍尔拜因（Holbein）画作和古董瓷器的品位都不会差；我们中最贫困的人，也会立志在乡间小屋里摆满齐本德尔（Chippendale）式家具，四周遍植老橡树。我们生活在甜蜜光明的氛围中。我们现在都是美的爱好者。只不过我们的爱有缺陷。这种爱只能容纳几件物品和美的碎片。这种爱狭隘而局限。只要拥有了绝世好画和精美家居，或能偶尔一瞥迷人风景，我们就心满意足。我们开开心心地生活在难看的村子里，我们看着当地建筑商在贫困街区建起棱角横飞的房屋，我们满足于阅读那些装订简陋、印刷低劣的书籍，我们研读报纸，却不曾质疑上面刊登文章的风格，我们被取名为巴茨（Butts）、拉姆斯博腾（Ramsbottom）、马德（Mudd）或皮博迪（Peabody），却没人在乎。不是说我们把这些事当成了必经磨难，而是它们根本不会困扰我们。我把我们这种审美称作画廊式审美，一种可以随时打开或关闭的审美。我们走下轰鸣的公交车，走进国家画廊，审美打开，开始欣赏画作。等审美再次关闭，我们会再次走过公交车竞技场，来到一个名为充气面包店（Aerated Bread Shop）的地方。事实上，我们有欣赏美的神经（考虑到日常生活，长了也挺好），但它只在我们需要时敏感。古希腊人则不同。他们的审美贯穿一生，就像一剂酵素，改变着他们的生活。 35

这一观点说起来容易，证明起来难，因为能证明它的人早已深埋在凯拉米克斯（Cerameicus）的尘土之下了，而对于这些人的生活，我们更倾向于去赞美而不是去理解。我们要不要传唤几位伟大的文学家来作证？海涅（Heine）的文字充满苦难，他将自己口中“阴郁浅陋、奉行禁欲主义、过分重视精神生活的拿撒勒派（the Nazarenes）犹太教”和“古希腊式生活中的欢愉、对美的热爱以及新鲜活力”[1]做对比；勒南（Renan）坦诚道：“目前为止，雅典给我留下最深的印象是：‘世上只有一个地方称得上完美，不是别处，那个地方就是雅典’”。他接着谈论雅典，仿佛在谈论“一件只存在过一次的事物，从来没有见过，以后

1 *Götter im Exil.*

也不可能再见，可它的影响将永久流传。那是一种永恒的美，毫无地域或国度的污染（sans nulle tache locale on nationale）”？[1]

上述的证词确实有一定的说服力，但我们最好还是直接走进古希腊文学，亲眼看看他们的审美如何渗透至方方面面。请注意他们的名字[2]：从优美的角度，把阿里斯托克雷特斯（Aristocrates）（意思：高尚力量）、克里昂米尼（Cleomenes）（意思：闻名神力）、阿里斯托努（Aristonoe）（意思：高尚头脑）和阿斯帕奇娅（Aspasia）（意思：欢迎）这些名字，与费比乌斯（Fabius）（意思：豆人）、皮索（Piso）或西塞罗（Cicero）（意思：豌豆人）、奈维乌斯（Naevius）（意思：长疣的）和卡皮托（Capito）（意思：大头）做对比。注意古希腊人日常使用的表达，看看优雅如何在不经意间影响他们。毫无疑问，罗斯福
36 （Mr. Roosevelt）在环游世界后回到纽约，心情应该和色诺芬的军队浪迹安那托利亚（Anatolia）后看见那片熟悉的海一样。当然他们的感叹截然不同：前者是“嘿，伙计们，这棒极了”，后者是“大海，大海（θάλαττα，θάλαττα）”。[3]

因此，古希腊人事无巨细，将美融入了生活的点点滴滴，无论是一个绰号，还是如佩特说的“每小时都会在沿海村庄发生，在我们看来稀松平常的事”。荷马曾这样记载：

> οί δ’ ὅτε δὴ λιμένος πολνβενθέος ἐντὸς ἵκοντο,
> ἱστία μὲν στείλαντο，θέσαν δ’ ἐν νηὶ μελαίνη,
> έκ δὲ καὶ αὐτοὶ βαῖνον ѐπὶ ῥημῖνι θαλάσσης.

这样一描述，一件日常琐事听上去多么富有诗意！荷马总是以类似

---

1 *Souvenirs d’enfance et de jeunesse*，p. 59 f.

2 参见 Weise，*Language and Character of the Roman People*（tr. Strong），p. 31 f.

3 参见报道罗斯福先生归国的日报。参看 Fitzgerald，*Letters*，ii. 49（Eversley ed.）：“大海（The sea）……喜欢被叫成 θάλαττα 或 πόντος，而不是‘Sea’这个悲惨的词，对此我很确定。”

的风格叙事。”[1] 荷马并非唯一一个这样做的人。古希腊诗人皆如此。萨福曾这样描述一个采摘后被遗漏在树上的苹果：

οἶον τὸ γλυκύμαλον ἐρεύθεται ἄκρῳ ἐπ’ ὔσδῳ
ἄκρον ἐπ' ἀκροτάτῳ. λελάθοντο δὲ μαλοδρόπες.
οὐ μὰν ἐκλελάθοντ’， ἀλλ’ οὐκ ἐδύναντ’ ἐπικέσθάι.[2]

描述的对象微不足道，语言也通俗易懂，但这几行诗句足以体现诗人的功力。将它翻译成英语，便会褪去它的光彩，就像童话故事里金子 37
变成枯叶一般。

诗中的优美笔触诠释了古希腊文学经常被我们忽略的一个特征：对完美文风的坚持。就丰富性、广度、想象的力量和幻想水平而言，我们的文风不比他们差；但不像古希腊人，我们无法保持高水准的完美文风而不动摇。华兹华斯（Wordworth）、拜伦、济慈、丁尼生（Tennyson）和勃朗宁留下了多少劣作！就连莎士比亚（Shakespeare）本人也难辞其咎。我们伟大的诗人之中，或许只有弥尔顿和蒲柏能维持高水准文风。但古希腊诗人都像蒲柏和弥尔顿——仅就狭义上的文风来说。哪怕描写对象微不足道，叙事语言平淡无奇，作品展现的技巧也一贯高超。在他们的诗篇里，文字加工的锯屑被扫净，作品边角被打磨，整体被上色抛光。这种艺术上的高超表现几乎贯穿了古希腊文学。总体来说，古希腊人的审美容不下一丝一毫懒散。我们应该同意贺拉斯（Horace）的话，他在这方面判断敏锐，将古希腊人奉为艺术修辞的顶级大师。他曾对自己年轻的学生说：

他们日夜都要阅读希腊典范。（Vos exemplaria Graeca nocturna

1 “当他们驶进海港深处，他们收起船帆，将它放进漆黑的船里，自己下船来到海滩上。”引自 *Marius the Epicurean*，1. 100。

2 fr. 93，“正如香甜的苹果在树枝尖上变红，悬在树的最高枝；采摘者遗忘了它；或者他们没有忘记，只是碰不到它。”

versate manu，versate diurna.）

为了更清晰阐释这一观点，我将把英国作家司各特（Scott）和古希腊作家荷马进行比较。如果不是受过良好教育，我们可能会争辩道，
38 司各特某种程度上比荷马更伟大——若只考虑司各特的散文的话。流浪汉威利（Wandering Willie）的故事、《古董商》（The Antiquary）里埃尔斯佩思（Elspeth）的死、梅格·梅瑞丽丝（Meg Merrilies）的诅咒、克拉拉（Clara）和泰瑞尔（Tyrrell）在树林里的会面、狄安娜·弗农（Diana Vernon）和弗朗西斯·奥斯巴尔迪斯顿（Francis Osbaldiston）在壁炉旁的分别、伯利的巴尔福（Balfour of Burley）在瀑布上方洞穴里的痛苦、《中洛锡安之心》（The Heart of Midlothian）里的几个章节、《拉美莫尔的新娘》（The Bride of Lammermoor）里的丑老太婆，当然还要加上他的大部分悲剧故事——若以短文论优劣，荷马的处境相当不利。但目前为止，古希腊作家之所以能超越苏格兰作家，在于雪莱说的“对气派的坚持”，我更愿意称之为“对完美的坚持”。荷马的优秀诗文都很无趣，情节进展缓慢（至少在《伊利亚特》[Iliad]里），描述古代战士的一万种死法也极易让我们生倦。但全文几乎没有一个句子写得糟糕，没有一个章节缺乏特色，因为作者的古希腊式爱美天性永不歇息，在创作时绝不会有一丝大意或松懈。有时“荷马也会打瞌睡”（bonus dormitat Homerus），贺拉斯也这么认为。但荷马的失误确实少之又少，而且就算“打瞌睡”时也能维持美。人们对司各特不敢有相同评价：他那“数小时的沉睡”既漫长又无趣。

上述事例都能说明古希腊人出众的审美能力和表现力。但我们还剩最后一条证据没有展示。我指的是许多人口中的古希腊文化的“道德审美”。实际评判时，我们常将美局限于个人外表、风景、文学和一些被称作艺术的东西。古希腊人的标准广泛得多。他们将美延伸至道德。只要我们谈论神，他们随时会说“美丽”，只要我们谈论邪恶，他们随时
39 会说“丑陋”。在他们眼里，公民为国牺牲、凡人对虔诚表示尊重、政府办事得力，这些都是美的，或说好的（καλόν）。胜利、节欲、善辩、

惩恶、坦诚、智慧、愿意聆听智慧之声，这些不仅是好事，更是“美丽”的事。英国人会钦佩并赞美这些行为品质。古希腊人谈论它们时，流露的感情会和看见美丽的人类胴体时别无二致。

但我们不能过度推断。有时好（καλόν）几乎丧尽了原有分量，被古希腊人当成暧昧模糊的赞美之词，就像我们用“好（fine）”这个词一样。但它被广泛使用的事实已经彰显了一种气质、一种对生活的感知方式、一种在表面不具备美的事物中寻找美的倾向，还有一种随时看见并体验美的能力。正如有些人对大气条件、风向变化、阴雨天气或空气中静电变强尤为敏感，古希腊人对美也比我们敏感。他们对它的出现更欣然接受，对它的缺席更为敏感而悲痛。

有了这些证据呈现在前，难怪我们的先辈会认为古希腊人最重要的身份是唯美主义者。这种观点形成很自然，而且到目前为止得承认，我们与古希腊人之间的重大差别，就在我们的审美低人一等。但持这种观点的人忽略了三点：第一，在历史长河中，古希腊人显然还关注许多别的事，许多与美无关的事；第二，他们中最伟大的作家，有些（比如希罗多德和修昔底德）并没有展现突出的唯美主义倾向；第三，一个审美尤其优秀的国家，不会对现代世界有太多兴趣。有观点认为古希腊智慧来自 40
古希腊人对美的热爱，以及美本身具有的力量，这三点就足够反驳它了。

注　释

那些更熟悉英语文学而不是古希腊文学的人，可能会对后者怀有钦佩之情，但却感觉后者很多作品读起来枯燥无味。鉴于我们已经引用了几篇该类型文章，往后还有机会引用更多，这里有必要就此解释几句。古典文学往往只带我们进入一个情境，将我们留在它的美之中，现代文学才坚持调动我们的情绪，让我们兴奋。[1] 因此萨福对晚星的描写

1　当然了，古典文学中有一些“现代”作品，现代文学中更是有很多“古典”作品。

十分简洁："黄昏之星啊，带回了黎明驱散的一切，带回了绵羊，带回了山羊，将孩子带回了母亲身旁。"[1] 而拜伦在着笔同一想法时，却这样写道：

哦，黄昏之星，你带去所有美好事物——
为疲惫者带去家园，为饥饿者带去欢愉，
为雏鸟带去父母温暖的羽翼，
为牛群带去欢迎的畜栏；
驻留在家的每一分宁静，
神明守护的每一位亲眷，
都在你安详目光下聚集到我们周围；
你还将孩子带往母亲胸脯前。

拜伦没有为原作增加任何要素，他只是扩写了词句，补充了评价，将原作想表达的情感抽离出来，摆在纸面上，确保所有人能看见。萨福只是陈述事实，让事实自己散发它的内在美和力量。

41 或许这个例子不合适。或许拜伦故意将一种特定的情感扩写。但他和萨福的诗句代表了一种实际存在的分歧。古典文学提供文本，现代文学阐述文本。古典文学描述场景，现代文学解释场景理应激起的情感。确实，有时现代文学无比关注情感，却无法让我们读到有关场景的完整描述，比如下面这段对暮年的描写：

仲秋时节，寒冬前夕，
冬日的气息从远方吹来，
病恹恹的西方不断洗去
淡金色彩，演奏一首回旋曲
有关死亡，在灌木与落叶间

1 fr. 95.

济慈引导我们联想秋日渐逝时呼啸的风、褪去的色彩和忧郁的氛围，却没有为我们的感官提供准确信息。丁尼生则不同，他用古典手法写作，让我们看见画面，听到声音：

> 穿过褪色的叶
> 栗子拍打在地上

雪莱关于月的诗句也是一样，不过程度稍轻：

> 苍白来自疲倦，
> 在攀上天空，凝望地球之后，
> 独身无依，
> 在生辰不同的繁星间流浪——
> 不断变化着，像一只忧郁的眼睛，
> 找不到物体值得注目。

雪莱让我们感受到月亮怪异的孤立状态，但他的手法，不是向我们
描述月亮的样子，而是不断重复月亮有多孤独。荷马则不加一句评论，
只是简单地说“繁星清晰出现在明月四周，天空平静无风”。[1] 维吉尔 42
（Virgil）仅描述了月照在海上波动的光影：

> 在发光海面下震颤闪烁着（splendet tremulo sub lumine pontus.）

古典文学会表现到这一步，但也就到此为止了。作者向我们展示了场景，但不会提供太多细节，只让我们自己补充情感。由于很多读者没有情感可补充，他们自然容易觉得古典文学冷漠无情。

---

1 《伊利亚特》，8. 555。

“古典”写作手法带来的另一结果解释起来不难。它也能用来回应古希腊人不关注自然之美的观点。古希腊人关注自然之美，只是不会对它长篇大论。荷马曾低调地谈及：

λειμῶνες ἁλὸς πολιοῖο παρ’ ὄχθας ὑδρηλοὶ μαλακοί

或者

ἐπὶ κρατὸς λιμένος ῥέει ἀγλαὸν ὕδωρ，κρήνη ὑπὸ σπείους，

或者

κύματα μακρὰ κυλινδόμενα προτὶ χέρσον.[1]

我们不会注意到这些词句，或是观察到，它们其实完美地暗示了浸水的牧地、清澈的泉水和爱琴海沙滩上长浪的魅力。

1 《奥德赛》(Od.). 9. 132-3，140-1，147。
“灰色海洋岸边的草地，柔软的浸水牧地。”
“港口前方流动着明亮的水，从洞穴底冒出的泉水。”
“长长的碎浪翻滚上陆地。”

第二章　对自由的注释

古希腊人最重要的身份是美的爱好者，对于这一观点的形成，歌德 43
有不可推卸的责任。但他也对希腊精神提出了改良后的看法。他说在内心某处，古希腊人独一无二的印记不是对美的激情，而是对真相的激情。当然了，歌德的意思不是古希腊人永远说真话：很显然，很少有哪个国家能像古希腊一样，在历史里写满恬不知耻的谎言。再后来，“希腊式浪荡”（Graeca levitas）取代“迦太基式信仰”（Punica fides），成为诚信的古罗马人之间的玩笑话。歌德的意思也不是古希腊人永远是对的：人类没有被赋予永远正确的能力。歌德的意思是，总体而言，古希腊人的目光能穿透生活，看到事实本身的样子；他们有马修·阿诺德（Matthew Arnold）所说“不被乌云遮蔽的清晰头脑”。从这个意义上理解，歌德的话显然有一定道理。

毫无疑问，在阅读古希腊文学时，我们会不断品尝到一种反复出现的配料，这种配料拥有一些我们心中“真实性”的味道，尽管这个名字难以完整概括它。我们意识到自己在观看一副忠实描绘的肖像，凝视一块映射生活的水晶，水晶没有遮蔽或模糊生活，反而如实还原它的色泽，清晰展现它的线条。很多文学做不到这点。爱尔兰流传着关于芬恩（Finn）和库卡林（Cuchulain）的故事，它们拥有出色美学，充

满英雄主义和传奇色彩。但人们很容易发现故事描绘的世界不真实，
44 且毫无人性。山丘会发射白鸟和刀枪不入的猪，蓟茎和毛球会化成敌人模样，女巫能透过叶子上的小孔向英雄射箭，狗能用鼻息将人化成灰，或嘴吐大块金银；竖琴能跳回主人身边，并一路杀死九人；盾牌能相互怒吼，并得到爱尔兰三朵海浪（Three Waves of Ireland）的回应。荷马或许会在作品里涉及此类主题，但他不会像爱尔兰作家那样全情投入。怪闻和超自然无限占据了爱尔兰作家的心，胜过他对自然和人类的关注。他展示的绝不是真实世界的图景，也不是人类实际生活的环境。飘过我们眼前的是一个虚幻的梦、一种只存在于离奇幻想中的美。

古希腊文学则大不相同。毫无疑问，古希腊历史名人也有过荒诞迷信的想法。我们正努力从旁门左道典故中发掘他们的本质。但这些典故不入主流，恰好反映它们对古希腊文学影响有限，而文学是我们唯一关心的东西。在文学世界里，古希腊人看待生活的方式似乎与我们没什么不同。我们会迷失在爱尔兰传说的世界里：我们不知道该对芬恩或库卡林说什么。或许我们会礼貌适应他们的观念，但我们永远无法走进他们。然而面对涅斯托尔（Nestor）、阿喀琉斯和尤利西斯，谁不会产生亲切感和灵魂上的共鸣？更进一步说，当我们略过史诗英雄，转向阿尔卡埃乌斯（Alcaeus）、西莫尼德斯（Simonides）、索福克勒斯和其他作家，我们会感觉他们看到了真实的世界，不是咒语、巫术和传统英雄主义的竞技场，而是世界原本的样子。

45 当我们放下普通人艰苦朴素的生活观，去探究古希腊思想家的观念，会发现两者没有差别。我们发现思想家对神和人的本性的思辨合理公正，而且出乎意料地现代。欧里庇得斯曾这样写道：

> 你把宝座安放在大地上又是大地依托，
> 宙斯啊，你到底是什么，我弄不清楚；
> 无论你是自然的规律还是人类的理智，
> 我都崇拜你；因为，你把凡间的一切

循着无声的轨道引向正义。（张竹明译[1]）[2]

可以观察到，他在第三、四句诗里大致概述了现代哲学两大流派：唯物主义和唯心主义，并在全诗中表达了现代的乐观不可知论者的信念。柏拉图写道："神不会在任何方面不公——他绝对公正；我们之中最公正的人最像他。"[3]我们认为他所说的神性（Deity）和基督教所说的神性一样庄严。翻开《理想国》（Republic），会发现书中探讨了最深奥的政治问题，所展现的言论自由、深度和广度超越了往后任何一个时代。事实上，古希腊人的世界观和我们一样合理。这要归功于歌德说的古希腊人的真实性。

若进一步分析，试问欧里庇得斯和柏拉图的思辨为何能像我们一样先进，我们能找到两点原因，即希腊人真实性里具备的两种基本元素。第一是他们拥有充分的宗教、道德和政治自由。我们这个时代享有平等的自由。但一个国家能在人类历史早期就做到这点，实在令人震惊。 46
或许我们该将下文叫做"对自由的注释"；希腊人会管自由叫"随性"（Παρρησία）。

有些国家的命运受到神学的紧密控制。这些国家为侍奉神而生。它们有时会禁止特定活动，甚至会禁止生活中特定类型的活动，仅仅因为这些活动违背了侍奉神的目标。它们崇拜的神嫉妒心极强。伊斯兰教徒不准涂画或雕刻人的形象，因为雕塑和绘画会导致偶像崇拜。犹太人每周必有一天放弃工作和娱乐，因为安息日（Sabbath）很神圣。中世纪的基督徒不准相信对跖点（the Antipodes）这种老掉牙的谎言，教会为他们提供了"基督教的宇宙地形图，出自《圣经》（Divine Scripture）有关记载，基督徒质疑它是不合法的"；[4]他们经商也受限制，因为《摩西

1　译文引自《古希腊悲剧喜剧全集（5）》（译林出版社，2005年出版）——译者注。

2　《特洛伊妇女》（Traodes），884 ff.（tr. Murray）。

3　《泰阿泰德篇》（*Theaet.*），176 c。

4　Cosmas，*Topographia Christinana*，引自 Lecky，*Hist. of Rationalism*，i. 269（1910 ed.）。

律法》(Law of Moses)禁止放高利贷；他们的后人[1]也被从表演行业劝退，因为演员身份带有永恒的诅咒。

其他国家的命运会受政治控制。艺术和文学被怀疑有害国家福祉。无伤大雅的社会娱乐被禁止。家庭生活也因政治原因染上特殊的色彩。丈夫获得独特的统治地位，妻子转变为一台机器，为国家利益养育下一代。柏拉图在《理想国》中描绘的国家就是个人受集体利益奴役的极端
47 例子。但斯巴达和古罗马的历史里充满这种例子。事实上，绝大多数国家都是如此。尽管人容易陷于蠢行、罪恶和有毁灭倾向的纵欲行径，在大多数情况下，他还是坚守岗位，以敬畏神、服务国家为职责。他被禁止进行各种类型的活动，在狭窄且被严格监控的生命转轮上移动。他不准做这个，他必须做那个。在截肢毁容，失去一只胳膊或眼睛后，他进入天国。几乎所有国家都是这种情况，除了古希腊。在古希腊，人不是神或国家的祭品，而被允许"以稳定且完整的视角看见生活"。在别处，视野会因国家或宗教原因遭遇质疑或缩窄；人被禁止思考某些话题，或被迫对它们持有指定看法。生活各领域不允许讨论的声音，这样做有很多好处，但也限制了真相的传播，限制了人发现并揭示真相的机会。但古希腊人没有界限，没有哪一领域他不能逾越；他可以进军任何领域，去行动或思考，去发现真相或落入陷阱，去行善或犯罪。在古希腊，宗教和政治势力都无法阻止他看清事物。

但我们也不能认为自由思想完全不受宗教干预。有四起著名的审判能证明，雅典人在宗教上也会疑神疑鬼。因为攻击传统信仰，苏格拉底被处决，阿那克萨哥拉(Anaxagoras)遭流放，普罗泰戈拉(Protagoras)和米洛斯的迪亚戈拉斯(Diagoras of Melos)被迫出逃以躲避审判结果。但来比较一下意大利文艺复兴(Renaissance)五十年来
48 的宗教审判。从1566年至1619年，卡内塞奇(Carnesecchi)被活埋，帕莱亚里奥(Paleario)被活埋，布鲁诺(Bruno)被活埋，这三人被埋在罗马。瓦尼尼(Vanini)被埋在图卢兹(Toulouse)。瓦伦蒂诺·秦梯

1 一直持续到公元1694年的后人(出处同上，ii. 318)。

利（Valentino Gentile）在伯恩（Berne）被加尔文教徒处决。康帕内拉（Campanella）在那不勒斯（Naples）被残忍折磨囚禁了27年。伽利略（Galileo）被迫对一群狂妄无知的修道士低声下气，隐居在乡野别墅里。萨尔皮（Sarpi）惨遭暗杀……就这样，意大利……吞食了她的光明之子。[1] 当然了，这只是一些著名受害者。据西蒙兹（Symonds）估计，在1481年到1525年之间，**仅在西班牙**就有234526人被宗教法庭（the Inquisition）定罪为异端邪说。[2] 将这持续且彻底的暴政与古希腊思想自由偶尔受到的干扰做比较，你会发现古希腊思想家的处境不比十七世纪的霍布斯差，不比马蒙泰尔（Marmontel）差，后者曾在理性时代（the Age of Reason）因涉嫌写诗讽刺一位公爵被关进巴士底狱（Bastille）；古希腊思想家的处境也不比德国哲学家差，后者曾在一个世纪前因异端邪说遭到驱赶，时至今日还被禁止公开宣扬社会民主主义（Social Democracy）。

古希腊人的思想自由有几个形成原因。首先，古希腊哲学不受官 49
方赞助。若自由言论不是来自国家的讲坛或演讲厅，就较难被压制。但除此之外，还有更深层次的原因，那是埋藏在古希腊宗教本质里的原因。

我们这是在把自己置于危险境地。公元前五、六世纪古希腊人的信仰尚未被完全确定。这个国家的领土还没有在地图上完整标出，任何人踏足其中都有迷路的风险。曾有人将古希腊宗教总结为对宙斯（Zeus）、赫拉（Hera）和奥林匹斯众神的崇拜。现在我们知道还有其他崇拜；还有充满精神教诲的俄耳甫斯主义；还有从北方引入古希腊，狂热而情绪化的酒神崇拜（a Dionysiac religion）。就连奥林匹斯众神也不像看上去

---

1 Symonds，*The Catholic Reaction*，ii. 138.

2 出处同上，i. 196。亚里士多德受到被审判的威胁，名义上是因为无神论，实际上是因为他对马其顿人的同情。若如狄奥多罗斯（Diodorus）所述，迪亚戈拉斯的审判发生在公元前415年，那审判也可能与政治有关，因为迪亚戈拉斯是米洛斯人。雅典人对方柱形胸像（Hermae）破坏者的愤慨并不是本文讨论观点的反例，因为它不是对自由思想的审判。如果今天有人弄脏了伦敦所有教堂的祭坛，也会激起众怒；但这种众怒不会影响思辨自由。

的样子。诱惑达芙妮（Daphne）并赞助特洛伊（Troy）的阿波罗，通过他在德尔斐（Delphi）的神谕，永远成为古希腊道德及政治领域重要且广泛的影响之一。最后，如今我们被告知雅典最有势力的宗教是威严冥界神灵的挽回祭（propitiation）。我们显然要为古希腊宗教下一个定义。

我们不打算完整概括古希腊宗教。事实上，我们眼下要彻底忽略它最华贵高雅的一面。我们只是在追问，在公元前四世纪和前五世纪，**在那个迫害并不罕见的年代，雅典为何能做到思想自由**？因此我们可以忽略在此之后出现的宗教。同时，我们可以忽略只被社群里少数人信仰的宗教。若宗教要实施迫害，它必须先成为一国之主流。贵格会教徒（Quakers）或一神论派教徒（Unitarians）永远不可能迫害他人。柏拉图主义者（Platonists）、逍遥学派信徒（Peripatetics）或斯多葛主义者也
50 做不到（如果他们有过此想法）。因此我们在这里也不关心类似的宗教或哲学流派。我们关心的是国教，它让雅典人学会像孩童一样表现敬畏，渗透了全国的文学，让城邦高地建满神庙，为和平、战争及公民生活中一切庄严正式的事物祝圣（consecrate）。它与雅典人的日常生活有着千丝万缕的联系，人们逐渐从情感上认可并接受了它，而这种情感依赖远比任何道德约束或理性控制来得更为强烈。俄耳甫斯主义不满足这些条件；冥界神灵也不符合。我们要寻觅的是奥林匹斯众神崇拜。

后来，奥林匹斯众神堕落成败坏名誉的耻辱。我们惊讶于埃斯库罗斯的同乡竟会继续崇拜如此怪异的神，但我们的惊讶证明不了什么。如果有人坚持要让一个国家的宗教信仰通过绝对理性的测试，他总会一次次失望。一个人只能通过观察一个国家国民的言行举止，来评判该国的宗教信仰。在任何时代，不同阶段的信仰都是并存的。一些不经智力同意的主张依然能得到感性和习惯的支持。死去的信仰就像死去的人，从来不曾真正消逝，而根据一系列遗传法则，流淌在后代人的血液里。雅典也是如此。虔诚的品达抵制神同类相食的故事，却将阿波罗描绘成伪君子和玩弄感情的人。[1] 虔诚的埃斯库罗斯为自己创造了一套崇高的

---

1 *Pyth.* 9.

有神论，却在部分文章中称神虚伪而残忍。[1] 虔诚的索福克勒斯为永恒法（the eternal laws）谱写作了宏伟的赞美诗，却管万神殿里一位神灵叫“败坏神之名誉的神”，并号召其他神灵将其歼灭。[2] 这种自相矛盾没 51
什么好惊讶的。试想信奉《新约全书》（New Testament）的人也曾允许自己受《旧约全书》（Old Testament）野蛮思想的指引。无论如何，事实不会动摇。奥林匹斯众神的名字写满了古希腊悲剧，是他们而不是哪种冥界崇拜遭到了欧里庇得斯的抨击。柏拉图探索理想教育时，曾首当其冲处理过活跃在年轻人道德方面的危险，据他所说，这种危险正是奥林匹斯神学带来的。最终，奥林匹斯众神继续在古希腊受到崇拜，和异教共存了同样长的时间，他们的弱点继续成为有力武器，为琉善等怀疑论者所用，也为奥古斯丁（Augustine）等敌人所用。

那么现在，回到我们的重点问题：为什么这种宗教能使思想如此自由？

首先，古希腊宗教是神人同形同性论（anthropomorphic），而神人同形同性论的宗教本质上都是可塑的。它们容许批评和重塑，它们几乎发明了这两种概念。看一看古希腊众神，我们就能知道原因。

色诺芬尼（Xenophanes）曾说荷马和赫西奥德“将人类的恶习怪罪于神”。他们按自己的形象塑造神，让神的形象接近一个堕落的人。“Sua cuique deus fit dira cupido”。“每个人最糟糕的欲望成为了他的神”。没错，不只是激情，还有每一份冲动、渴望、幽默感、美德和奇想。古希腊人在每件日常活动中都能找到美妙的事物，并把它称作神：他用来取暖或蒸煮食物的壁炉、他房屋所在的街道、他骑的马、他放牧的牛群、他娶的妻子、他出生的孩子、他因此死去或从瘟疫中幸存，这些都暗藏神 52
性，而他为它们各分配了一位神去负责。对待更抽象的品质和力量也是如此。暴力、恐惧、革命、运动、醉酒、民主、疯狂、嫉妒、狂欢、信仰、睡眠和饥饿都被拟人化，有些还被崇拜。万物皆可被崇拜，哪怕是

1　柏拉图在《理想国》，383 和 P. V. *Passim.* 中不完整引用。

2　*O. T.* 1st chorus.

“未识之神”（the Unknown God）。（就古希腊人的宗教来看，他们的崇拜偶像有天使也有恶魔。）如果一位古希腊人想喝醉，他可以找狄俄尼索斯（Dionysus）做靠山；如果想堕落，可以转向阿佛洛狄忒·潘得摩斯（Aphrodite Pandemos）。如果他是个贼，可以依赖赫耳墨斯（Hermes）的帮助；若他有对纯洁的激情，还可以崇拜阿耳忒弥斯（Artemis）。神足够多；但他们不是拥有独立力量的独立个体。他们笼罩在创造他们的人的阴影之下，被创造出来只是为了保护创造者的行为，说出创造者塞进他们嘴里的词句，对创造者施以微笑，按指令和蔼而坚定地迁就他们的罪过和德行。[1]

这点足够解释为何古希腊没有宗教专制。这种类型的神不太可能深刻影响人们的生活。虽然不至完全摧毁，他们的起源和性格也削弱了他们对信徒的力量。他们终究只是人创造的成果，而人很容易滥用自己的
53 成果。阿里斯托芬是国教的拥护者，他曾在讲台上面对着雅典大众将狄俄尼索斯描述成怒汉、懦夫和小丑的混合体；[2] 而正如哈里斯（Harrison）小姐指出，狄俄尼索斯是纯精神层面崇拜的神。阿里斯托芬以同等的不敬对待宙斯，先将他和一条亵神到极致的降雨理论联系起来，又言之凿凿地声称赫拉克勒斯（Heracles）身为天国的私生子，注定要被剥夺继承权。[3] 那些比阿里斯托芬保守的作家也是如此，那些比喜剧更沉重的剧种亦如此。据说阿吉西波里斯（Agesipolis）“在奥林匹亚（Olympia）询问神谕后，继续去问德尔斐的神是否和他父亲意见相同，暗示说违背他将很不光彩。”[4] 泰奥格尼斯（Theognis）在评论神的不公时，对宙斯说：“Ζεῦ φίλε，θαυμάζω σε”，“亲爱的宙斯，我对你感到

---

1 据本特（Bent）先生所说（*The Cyclades*，p. 373），时至今日在帕罗斯岛（Paros）仍有一所为致敬醉酒的圣乔治（Drunken S. George）所建的修道院。“11 月 3 日，帕罗斯人通常会打开新酿的葡萄酒，然后喝醉；他们会在教堂前起舞，上演狂欢的景象，祭司的出现会使这一幕变得更加神圣。”创造奥林匹斯众神的精神还没有死亡。

2 《蛙》（Frogs）。

3 《鸟》（Birds），1649 f。

4 阿里斯托芬，*Rhet*. 2. 23（tr. Welldon）。

惊奇。”[1] 那口气就像小男孩在对哥哥说话——品达认为神**就是**我们的兄弟——而且暗示说，有时上天说了一件事，而人们的意愿不同，古希腊众神会屈服于公众意见。

这就是古希腊人在多种形式里看见神性所付出的代价。他们的崇拜有了广度，但失掉了强度。他们的神大多是崇拜者创造的产物，而无法成为唯一而绝对的神。他们的神是立宪君主，统治的臣民永远不会忘记是他们把他推上了王位。理论上他是他们的王，实际上他是他们的代表，注定要满足他们的欲望。这些欲望里，其中一条就是自由。

以上是导致古希腊宗教运作松散的原因之一。另一点原因和它相 54
似，那就是古希腊没有圣经。

这点从一开始就有利于自由。圣经对使用者大有好处，但从全世界范围看，它也会带来危害。想想纸面上的字在被愚昧强行解读后，多么容易限制真相。《诗篇》(the Psalms) 说太阳“从天堂一端跑向另一端”，同时“圆形世界的地基紧紧固定着，丝毫不可移动”。伽利略怎能坚持说地球绕着太阳转？圣经明明给出了相反的答案。圣保罗告诉我们“人生活在地球表面。进一步说，他们不会生活在多个面上，也不会生活在地球背面。有这样一篇文章摆在眼前，基督徒甚至不该提起对跖点。”[2] 于是中世纪的神学家日夜争辩，不将圣经用于创新，而将它作为恪守腐朽观念的借口。他们还用无数种不那么恶劣的手段，使那些被误解的普通言论、未开化社会里的原始概念，和那些适用于未开化人类的道德规则一起被神权加持，锻造成束缚言论自由的镣铐，仅仅因为它们出现在一本神圣之书里。

而希腊人免于这种危险，因为他们没有圣经。我们经常把荷马史诗称为古希腊的圣经。但这种说法有误导性，因为荷马史诗不是一部确立即永久具约束力、具有绝对权威的法律，而是一本人手皆有、会产生微妙影响的书。德尔斐神谕最接近哈拉卡 (Jewish Law)，因为它们是阿

1　fr. 78.

2　前引书，引自 Lecky，*Hist. of Rationalism*，i. 267 ff。

55 波罗直接下达的命令。但它们从来没有成为专制的动力，因为它们是为特殊情况而发布的，适用期限也短。俄耳甫斯邪教确实有圣籍，但古希腊没有属于伟大的奥林匹斯众神或其他被崇拜的神明的书。关于阿波罗和宙斯有很多流行的传说，但没人花时间把它们统一起来，他们的崇拜者也不执着于明确定义，只满足于泛泛的虔诚（εὐσέβεια）。所以柏拉图可以虚构一套创世（Creation）理论来支持特定政体，正如他说："我们不知道古代的真相。"[1]他的话提醒我们，犹太人是多么不同，他们有《创世纪》（Genesis）这本书，还有关于世界起源的严谨记载。于是总体来说，思想在古希腊畅通无阻，因为没有明确标准能审查它。

由这点可以得出一种对待宗教的态度，它与犹太人的态度截然不同。犹太人接受外界向他揭示的神，古希腊人对神有自己的思考。如果犹太人有疑惑，他很容易做出决定。他的神已经下达了命令，只需去《摩西五经》里找有没有。但古希腊人不受这种权威吸引。他回归自己的理性，回归自己判断对错正误的能力。正是在这种崇拜中，他塑造了自己的信仰。所以我们发现柏拉图删减神的记录，重新解读它们，根据个人喜好制定或废除神学教条。若传统神学中有东西冒犯了他的道德观，他就公开扬弃它。那些在理性主义方面不如柏拉图的作
56 家也是如此。品达是崇尚正统的保守派，可是看到一个关于神的邪恶传说时，他只会否认。"我会和先人说相反的话……我不可能称任何一位圣明的神为食人族；我保持距离。"[2]他会和违背他道德观的故事撇清关系。哪怕那个故事绝对属于传统，也一定是错误的。品达相信自己的直觉，将那个故事抛之脑后。这种态度也可以在希伯来文学中找到，但并不常见。犹太人总体还是依附传统，古希腊人则信任自己和理性。

让我们来看一个著名的例子。古希腊文学和希伯来文学里都有这样一个故事：上天造访一位正直的人，为他带去了不公的灾祸。约伯

1 《理想国》，382，414 f。

2 *Pyth.* 1. 53.

（Job）是“一个完美、正直的男人，敬畏神，远离邪恶”，却因上天突降的判决失去了财物、家庭和健康。伟大的巨人普罗米修斯看见人类寂寂无闻惨死，心生怜悯，冒着天神发怒的危险，为人类盗火，受宙斯惩罚被钉在高加索山（Caucasus）一处悬崖上。两位受难者情况很像：普罗米修斯受难，只因他跟从了仁慈的指令；约伯尽管一生纯洁，还是遭受了折磨。如果说有一个人的遭遇不冤屈，那应是普罗米修斯。两个故事的走向相同。两人都哀悼自己的受难，宣称自己是无辜的。朋友们拜访时建议他们服从上天的意志。普罗米修斯回答说他是故意冒犯，他永远不会向宙斯屈服；约伯则坚持自己没有做错事。故事到这里为止还是吻合的。但观察可以发现古希腊和希伯来的作家从两人灾祸中提炼出的寓意多么不同。一阵旋风从沙漠中升起，一个声音出现对约伯说 57
话了。“让他明白”，正如那条古怪的章节标题所说，“自己的无知和愚钝”。他懂什么，敢质疑神的豁免？神为世界打下基础时，他约伯又在哪里？他能造出冰雪或雨水吗？他能指引排列星座吗？他对全能的神和神做事的法则（His ways）又懂多少？约伯温顺地接受了这些话。“看啊，我是如此卑鄙……我说了我不懂的东西，……那些东西对我来说太精妙，我无法理解……因此我痛恨自己，并在泥土和尘埃里忏悔”。注意神并没有为自己的惩罚正名，约伯也没有认罪。约伯只是屈服了，低声下气。他的受难依然奇怪而无法解释。但他是谁，敢质疑神做事的法则？

我们很容易预测，古希腊人一定觉得这种解决方案莫名其妙。埃斯库罗斯不会接受。“神让约伯明白自己的无知和愚钝”。普罗米修斯的结局不是这种走向。当宙斯命令并威胁普罗米修斯，后者以无礼的轻蔑反击。他做了约伯不会做的事，他诅咒了神。他的诅咒免于惩罚，甚至还有奖励。埃斯库罗斯不像犹太人，没有以弱势方无条件的投降为故事收尾，而是施以实际的正义。时间和命运带来了赫拉克勒斯，他杀死了折磨普罗米修斯的秃鹫；宙斯被说服了，敲开普罗米修斯的镣铐，得到一条秘密情报作为回报，内容是有人策划谋权篡位。但巨人普罗米修斯没有屈服，神也没有受到赞扬。解决方案公平对待两人，两人也达成协

58 议。[1]从头到尾，埃斯库罗斯从来没想过，普罗米修斯对正义的理解或许有些狭隘。综合各方意见看，宙斯或许终究是对的。他将神和巨人带到人类理性的杠杆前，没有考虑过这根杠杆不一定可靠。他在法庭上审理此案，不偏袒任何一方，当神有失偏颇，宙斯就毫不犹豫地谴责他。[2]

在这些方面，耶和华（Jehovah）和古希腊文化里的神是多么不同！他在他人民的生活中占据了多么不同的位置啊！他是善妒而难以估摸的神，他统治并矮化他的崇拜者。耶和华**先于**他的人民存在，他们只能通过他的启示了解他，而且被他牢牢握在手心里。古希腊人用“他们”称呼阿波罗和宙斯，耶和华以“**我**”自称和人民对话。犹太作家在神面前展现出服从和屈尊，这点完全不像古希腊。犹太人着迷于神的概念。在他们的写作里，神是一切伟大难忘事物的来源。《旧约全书》共有 39 卷，38 卷都讲到了神与人的关系，其中 19 卷——《约伯记》（the Book of Job）、《诗篇》和大小先知书——只专注于这个话题。古希腊文
59 学则不然。人和神的意志的斗争没有成为它不变的背景。它没有反复抗议堕落的人类，抗议他们的耳朵像蜡做的一样迟钝，心智龌龊。不是因为古希腊人有超出寻常的正直之心，而是荷马和埃斯库罗斯眼中的宗教，与摩斯和以赛亚眼中的宗教不同。在古希腊人的世界制度下，神不是一切。神是生活中的一部分，重要的一部分，仅此而已。神是为了支持他们的占有和利益而生，不是为了指导、统治或骑在他们头上。就连最虔诚的古希腊人也这么想。柏拉图构建理想城邦时，跃于纸面的第一个词不是神，浮现于脑海的第一个想法不是怎么取悦神。论述进行到很后面才出现类似考量。将《理想国》置于其中一本先知书旁边阅读，会发现两者语气有明显差异。

雅典和耶路撒冷（Jerusalem）很好地反映了两种宗教各自的特征。

---

1 《被缚的普罗米修斯》（Prometheus Unbound）现已遗失，用里面的情节支撑一个论点可能有些草率。但据我所知，除了已故的布莱基（Blackie）教授，还没有哪位现代作家宣称这部作品为宙斯的行为正名。

2 我大胆借用已故布彻（Butcher）教授在 *Harvard Lecturers* 中做的这种诠释，并将它应用在新的地方。

建在雅典卫城（Acropolis）上的神庙光芒四射，为其治下的雅典公民提供神圣的庇佑。但它们只是一个和谐整体的部分元素，是众多美丽中的一种。从橄榄山（the Mount of Olives）望去的景象则传递出不同思想。耶路撒冷坐卧在山坡上的村庄之间，由令人眼花缭乱的穹顶、塔楼和平坦屋顶组成，它们彼此挨得很近，人眼甚至看不见一片空地或一条交叉路。有那么一会儿，这座城市看起来像那些毫无吸引力的东方城镇，一座布满洞穴的城市，为毫无想象力、理想或审美的人而建造。它看上去就像那样，或会像那样，但从某片空地望去，就在城墙之内，房屋开始延伸之前，硕大的庭院里建有穹顶建筑，还有柏树在人行道两边生长。
这些是目光所能及之处唯一好看的东西。除此之外，耶路撒冷矮小而丑 60
陋。城里庞大的清真寺看上去有些突兀。这些是圣殿（Temple Courts）。犹太人让城市看上去低劣而不讨喜，同时在圣殿里虔诚表达其对耶和华的崇拜。这些清真寺就是耶和华的神殿院（courts of the House of his God）。

说到这里，很容易让人感觉古希腊人不信教。当然了，总体而言他们恰恰相反，看看他们对方柱形胸像遭到破坏的愤慨就知道。但他们信教的程度，和如今去教堂做礼拜的普通人差不多。虽然他们不至于同意马克·派蒂森神父（Rev. Mark Pattison）的宗教是个好仆人，而是个坏主人的观点，[1] 但他们生命中除了神，还有很多别的兴趣。他们对宗教的理解，完全不像奥古斯丁、帕斯卡尔（Pascal）、纽曼（Newman）或托尔斯泰（Tolstoi）那般虔诚。你很难从古希腊典籍中找出和下文相似的篇章："有两个神，一个是大众相信的神——**必须为大众服务**的神（有时服务的方式十分优雅，比如仅仅让他们的头脑平静下来）。这个神不存在。但被人们忘记的那个神——**我们必须服务**的神——确实存在，而且是我们存在的主要原因，是我们所有认知的主要来源；"[2] 你也很难找出和《诗篇》里这段文字相似的段落："我是这样愚昧无知，

1　*Memoirs*，p. 97.

2　引自托尔斯泰。我无法再确定文章的名字。和荷马对宗教的观点不同："所有人都需要神。"《奥德赛》，3. 48。

在你面前像一头野兽……除你之外，在天上我有谁呢？除你之外，在地上我没有对谁像对你那样爱慕。我的肉体和心渐残；但神永远是我
61 的心和福分的力量。”古希腊人看待宗教，从来没有像帕斯卡尔看待改宗（conversion）那样[1]：“真正的皈依却在于，要在为我们所不断激恼着的、并且可以随时合法地毁灭我们的那位普遍存在者面前消灭我们自己，在于承认我们没有他就什么也做不到，并且承认除了他的羞辱外我们就配不上他的任何东西（何兆武译）[2]”（La véritable conversion consiste à s'anéantir devant cet être universel，qu'on a irrité tant de fois，et qui peut vous perdre légitimement à toute heure；à reconnaître qu'on ne peut rien sans lui，et qu'on n'a rien mérité rein de lui que sa disgrâce' ?），也没有像纽曼看待天主教义那样：“我认为它在宣扬人本性里废物的一面；人完全无能力通过自己做的事到达天堂；人绝对会因道德过失而失掉灵魂，如果他还有灵魂；在创造者面前，创造物会丧失所有权利和所有权；创造者可以无限要求创造物的侍奉。”[3] 诸如此类。

上述文章出自以赛亚和圣保罗的真情实感，但我们该怎么在古希腊中找出对应言论？我们能找到最接近的，是柏拉图说人是“神的财产”，[4] 或斯多葛主义者克里安西斯（Stoic Cleanthes）那首著名的赞美诗。我们稍后再讨论柏拉图。至于赞美诗，要记住斯多葛主义发展于公元前三世纪，创始人和宗师都有亚洲血统，且克里安西斯信奉的神是一股非人格化的力量。我认为大多数读过该赞美诗的人都会觉得，尽管表面上有相似之处，诗中文字绝对不同于和纽曼理智的自我克制，也不同于《诗篇》中狂热的激情。

以上便是培养出雅典“率真”的三种影响：圣经的缺失、理性主义
62 的天性，还有神人同形同性论宗教造就的性情。它们相互融合，共同证明了一点：若有东西阻挡古希腊人看清生活的本质，那东西决不会

1 《思想录》(Pensees)，508 (ed. Brunschvigg)。

2 译文引自《思想录》(商务印书馆，1985 年出版）——译者注。

3 *Scope and Nature of University Education*，c. 7.

4 《斐多篇》(Phaedo)，62。

是神。

如果说宗教没有束缚古希腊人，那政治也同样没有。虽然古希腊人的公民生活几乎与私人生活重合，古希腊城邦对公民的索求比我们国家多很多，但个体从来没有变成人口普查纸上的一个符号，而是维持并维护自己的个体身份。

政治个人主义（political individualism）在古希腊历史中表现明显。它带来的最坏影响，是让个体渴望自我控制权，无法团结，且鲁莽自私，这些负面影响十分常见。一位公民被所在城邦驱逐后加入敌军，试图摧毁该城邦的行为并不罕见。相似地政治寡头和民主主义者被放逐后反攻家园。古希腊的流放制度煽动并伴随着两次波斯入侵。阿尔西比亚德斯今天统领雅典舰队，明天又向斯巴达指出本国防守薄弱的地方。正如他愉快地说："我曾被定义为爱国者，如今却决心与祖国最大的敌人共命运，拼尽全力进攻祖国。"[1]

但古希腊的个人主义也能带来正面影响。它曾将一万名古希腊人从幼发拉底河（Euphrates）带回家园。很多学生对古希腊最初的了解就来自色诺芬的故事，这个故事里最有教育意义的就是军队的组织。那不是一支行进中的军队，而是一个由一万名成员组成的议会。遭遇危机时，士兵们会集结，将军说明情况，正反方发言辩论，全军投票，然后恢复 63
行军。不称职或不可信的将军会被当众控告，由全军决定是无罪释放、罚款还是处死。听起来像吉尔伯特和沙利文（Gilbert and Sullivan）笔下的一场梦。但这一万大军在寒冬中边行军边投票，跨越了世界上最艰险国家的大片领土。这也是个人主义。

毫无疑问，这种精神始于古希腊之初，从公元前七世纪以后开始盛行。当时暴君渐起，古希腊人察觉到自己丧失了不少自由。希罗多德记载了多位君主的盛衰，总结出他们不受欢迎的原因就是压迫人民。"暴君们违背传统习俗，凶残对待妇女，不经审判就处死男丁。"[2]古希

1　修昔底德，6. 92。

2　《历史》(Hdt.)，3. 80。

腊人很难接受这样的暴君统治。据希罗多德说，庇西特拉图父子（the Peisistratidae）统治期间，雅典人的战斗力还比不上邻国，但一旦获得自由，他们马上超越了邻国。这点“说明他们在被统治时故意偷懒，因为拼命都是为了主人，可等到获得自由，他们都迫不及待为自己工作”。[1] 值得注意的是，他描述“自由”时用的词是“ἰσηγορίη”，即言论自由，说明古希腊人不仅仅满足于行动自由。一位波斯总督曾呼吁斯巴达人向薛西斯（Xerxes）投降，斯巴达人给出了一条古怪回答，从中也能看出与上文相同的渴望：“你不知道自己在向我们建议什么，海达尔尼斯（Hydarnes），因为你知道为奴的滋味，却未曾品尝过自由的香甜。如果你体会过自由，就会劝我们为之战斗，不只是用矛，还要用斧头。”[2]

64 但还是伯里克利和民主政治发展出“率真”的概念，那是所有民主的基石。欧里庇得斯这样评价古希腊的成文法：

> 弱者面对猖狂诽谤也会反击；那些可怜的人，若正义支持他们的请求，也会直面强者；我们的议会是自由的，宣称“谁能舍弃对国家的明智意见”？那些愿意坐着的人安静坐着，愿意发言的人发言，并赢得荣誉。平等还能更进一步吗？[3]

这几句话被安进一位雅典君主口中，而将它安进去的欧里庇得斯曾在别处将言论自由称作“一项伟大创举”，并对人言论受限的想法不寒而栗。“奴隶就是无法说出自己思想的人”。[4] 欧里庇得斯写下这些句子的前几年，一支溃败颓废的雅典舰队被困在远方。水兵登船，准备最后一次尝试冲破敌军时，指挥官对舰长做了最后一番讲话。他的第一句话对他们意义重大。“他提醒他们，别忘了自己是世界

---

1 出处同上，5. 78。

2 出处同上，7. 135。

3 *Suppl*. 433 ff.

4 《腓尼基妇女》（Phoen.），391. 比较《伊翁》，672;《希波吕托斯》（Hipp.），422。

上最自由国家的居民，别忘了在雅典，任何人的日常生活都不受任何干扰。”[1]

任何人发表的言论绝对都不会受干扰。古希腊根本谈不上有什么审查制度，喜剧里的嬉笑怒骂尺度大得惊人。由于最近的第二次布尔战争（the South African War），愤怒的民众对劳埃德·乔治（Lloyd George）和其他难辞其咎的官员提出的强烈批评，与阿里斯托芬在国家剧院受到的激烈抨击相比，简直可以说是温和之极了。设想国内有这样一个习 65
俗，演员会“在复活节的周一”走进阿尔伯特音乐厅（Albert Hall）演出，演出受国家赞助，台下观众除了各级各部部长，还有高校学生和中小学生。[2]设想英格兰卷入一场恶战，某位诗人出现在这场演出里，口无遮拦地宣扬和平，谴责战争，指控张伯伦（Chamberlain）贪污公款，将约翰·牛（John Bull）刻画成肥胖、贪婪、轻信而无知的老头，被当权政府欺骗压榨；设想罗伯茨伯爵（Lord Roberts）本人被带上台，然后被打扮成花哨滑稽的吹牛大王，被粗鲁的人群公开侮辱嘲弄，最后被伤痕累累地抬进医院，而宣扬和平的一方大声嘲笑他的惨状，退场去参加豪华晚宴；设想一位现代作家胆敢写这样一出剧，英国群众受得了吗？然而伯罗奔尼撒战争（Peloponnesian War）期间，阿里斯托芬在舞台上滑稽刻画了雅典群众、高层政治家和其中一位最著名的将军，手法不比上面所说的客气了多少。[3]

毫无疑问，在古希腊，人们对喜剧尤其宽容。但这不能掩盖宽容本身存在的事实。“随性”（παρρησία）的规则一直奏效。自由言论从未被限制，国家遭遇严重灾祸时如此，雅典不求胜利只为生存而战时如此，舰队建起的长墙在锡拉库扎（Syracuse）的海滩上被摧毁、被俘军队在采石场腐烂时如此，伊哥斯波塔米（Aegospotami）战役之后也是如此。 66

1 修昔底德，7.69。

2 Verrall，*Four Plays of Euripides*.

3 对克勒翁（Cleon）的各处（passim）批评，在《骑士》(Knights）里对德谟斯（Demos）、在《阿卡奈人》(Archarnians）里对拉马丘斯（Lamachus）的批评都是前文所做类比的基础。

公民大会仍会召开，传令官仍会问：“τίς ἀγορεύειν βούλεται；”——谁想发言？[1]

这就是雅典的行事方式，依照一套明确、人为且解释详尽的理论。古希腊所有政治思想家（除了柏拉图）都认为国家是为个人而存在。其中一位是伯里克利的好友和仰慕者，他就政治论题写作，对政治有内部了解，曾写下自己心中理想的雅典民主。他的文字至今未过时，仍是民主的宪章、自由主义（Liberalism）的新约。

修昔底德将葬礼演说安排进伯里克利的口中，让他宣布自己心中的雅典和其他国家应该是什么样子。通读演说稿，我们会震惊于雅典公民拥有的绝对自由，他们丝毫不受法律管教，不受爱国主义卫士的束缚，也完全不担心它。我们被带到一种不同于现代政治思想的环境中去。那
67 里没有阶级妒忌和自私，无需靠一套不断检查、平衡和抗衡的体系维持。没人说强制性兵役能传授爱国主义、规范纪律、疏导小混混们不受控的精力，没人说缴费型养老金（contributory pensions）有助培养节俭意识，没人说要颁布一项许可法案专门防止公民醉酒，没人说不发展教会学校和宗教教育，人类就将退化至诞生初期的泥泞中。伯里克利活在一个理想的世界，或许太过理想。他从来不担心娱乐会使雅典人从工作中分心，他的演说里也完全没有提及这种东西。他认为娱乐是国民生活的重要元素。“我们提供众多途径，让头脑从工作中歇息；我们全年定期开展游戏和祭祀。”[2] 他也不担心文化和教育会削弱个性的根基，让男人变柔弱，却会更擅长思考而非当机立断。“我们在不奢侈浪费的前提

1 但也有人意图限制喜剧。公元前440年通过了一项法律，禁止讨论当代政治，但该法在公元前437年被废除。公元前416年通过了一项类似法律，禁止“ὀνομαστὶ κωμῳδεῖν”，即人身攻击。但公元前414年，阿里斯托芬写出了《鸟》（Birds）。阿里斯托芬两次被克勒翁起诉。我们对这两次人身攻击的细节知之甚少，只知道克勒翁两次都没有成功给阿里斯托芬定罪，甚至无法停止后者继续对他人身攻击。可以确定第一场诉讼发生在公元前426年，两年后《骑士》问世。公元前五世纪末可能诞生了另一项限制法律。无论如何，喜剧随后不再被宽容。三十僭主（Thirty Tyrants）的特征就是限制知识自由。（Xen. *Mem*. 1. 2. 31）

2 修昔底德，2. 38. 1。

下培养雅致，在不变娇柔的前提下增长知识。”[1]

古希腊里有一个国家认为上述事物是危险的。斯巴达严格遵守古罗马守则，公民在一系列训练、混乱和严苛规定中被抚养大，成为效忠国家的仆人。雅典对斯巴达游客来说一定很古怪。首先，能随意进入就已经够奇怪了，因为在斯巴达，他们普遍执行“ξενηλασίαι”，即对外国人的驱逐。而且雅典人的生活和他在国内熟悉的那种生活不同！七岁时， 68
他就从家里被带到公社（Syssition）——一种古代的公立学校——从此之后“习惯集体生活，永远受一套半军事化半修道院式的规则制约束缚，远离独立家庭，新婚第一年也只能偷偷和妻子见面，和孩子更是罕有联系。监管不止来自他的公民同胞，还来自受委任的监察官或国家任命的统帅，永远施加在他身上。他的白日在集体训练和大锅饭中度过，夜里睡在属于他的公共营房。”[2] 赤裸的双脚、一件冬夏通用的外套，神殿前的鞭笞（他曾见过男孩因此而死），紧缩的食物、消遣时的狩猎和舞蹈——这些是他自幼熟悉的事物。毕竟，斯巴达人认为必须要让人爱国，要做到这点，还有什么比他们的方法更有效呢？

伯里克利认为还有其他方法，并点名谴责斯巴达的体系。“在教育问题上，他们（斯巴达人）从小就开始经受严酷训练，培养勇气，而我们活得很悠闲，但面对他们面对的危险时，我们和他们一样准备就绪。若我们宁愿以轻松心态迎接危险，不要求繁重训练，以习惯培养勇气，而不是靠法律强制，我们难道不是优越的胜利者吗？”[3] 伯里克利的理念是，让个人成为个人，就可以信任他做好本职工作。他的政治理念中没有强制、限制或禁止。小心地信任人民，这是格拉斯通（Gladstone）先生对自由主义的定义，把前三个字去掉，就是伯里克利的守则。

这就是古希腊的理想——不受限制的自由。这种理念之下，古希腊 69
人还能保持头脑冷静客观，是不是令人赞叹？

1 出处同上，40. 1。纽曼（*University Sketches*）这样改述这段话：“他们培养高雅艺术，却因品味良好而不至奢侈，学习科学，却因知之甚多而不至优柔寡断。”

2 Grote，*Hist. of Greece*，ii. 298.

3 修昔底德，2. 39. §§ 2，3。

这种自由在古代是罕见的特权。想一想罗马。普鲁塔克提到罗马人民时，曾说罗马人“都觉得自己不应该谈婚论嫁，不该生儿育女，不该拥有私人生活或是在心情好的时候举办酒席宴会，而应该心怀恐惧地等待政务官的责骂或诘问；给每个人随心所欲、跟随自己欲望和幻想的自由不是好事。”[1]

这是普鲁塔克对罗马人的看法，也是一位执政官的看法。公元前186年的一个清晨，这位执政官登上演讲台，向听众宣布了元老会为打压酒神节（Bacchanalia）提出的措施。这本是一个宗教社会面对的酒神崇拜问题，不过有人利用聚会干了下流事，更糟的是，策划了一场颠覆社会秩序的阴谋。这毫无疑问是坏事。执政官公正地将它看作道德的威胁、国家的破坏分子。但注意他是如何责骂听众的：“你们的祖先不乐意你们的偶然或偶尔聚会，除非是军队带领下的投票活动、护民官召集的人群集会，或政务官组织的集会。只要有人群聚集就会产生观点，就应该有专门的官员控制这些观点。”[2]此刻我们离伯里克利的理想已经很远了。

70 执政官下一段话更给人启迪：“没有什么比更邪恶的虔诚更金玉其外，败絮其中。当神权被用作犯罪的借口，我们就不敢轻易惩罚人之恶，生怕在这期间违背了上天制定的哪条法律。”这些观点很容易让我们将古罗马人对酒神节的看法，与古希腊酒神节的命运相比较，并从两者的不同中总结出寓意。在古希腊，对神的崇拜也是外来宗教（advecta religio），强行闯进了原始宗教之中。虽然免于意大利酒神节上的粗野行径和政治黑手党困扰，古希腊酒神节庆祝时也少不了山上狂欢，醉酒和伤风败俗都不少见。然而采纳了执政官意见而禁止本城妇女上山漫游的彭透斯（Pentheus），被一位雅典剧作家在舞台上刻画成了不合时宜的秩序爱好者，且得到的最终回报就是被自己的母亲亲手撕成碎片。那些出自欧里庇得斯之手，借由反对彭透斯的演员们之口说出的台词，虽

---

1 *Vit. Catonis*，16（tr. North）.

2 李维（Livy），39. 15。

然不一定代表他的真实立场，但效果很惊人。这些台词提醒彭透斯，他这是在和一位神起冲突，而且，酒终归能让人忘却忧愁，而且，如果妇女想违反道德，她们不上山也会这么做：

> 啊，主人，还是把这位神接进来敬拜吧，
> 不论他是谁，因为他各方面都伟大。
> 我还听到人们传说
> 他赐凡人以解除烦恼的葡萄。
> 没有酒就没有爱，
> 人类也就不该有别的快乐。（张竹明译[1]）[2]

于是，感性享乐主义与自由主义德高望重的观点相辅相成，捍卫了酒神节盛宴。想象古罗马执政官听到这一申辩时的严肃表情。 71

我们不能过于关注两者的相似之处。古希腊和意大利的酒神崇拜之间有巨大差别，而且欧里庇得斯不是政治家，而是诗人。但古罗马人和古希腊人对这类事物的态度不同，这点无可争辩。古罗马人不鼓励思维或宗教创新，也不欢迎关于宽容的浮夸词句。他们闭耳不听人们对于提问自由、艺术自由和文学权利的相关请求。外国传教士屡次被跨洋打包从意大利送回本国。加图（Cato）本想用那种方式对待古希腊大使，他恳求元老会遣返他们。“他公然在元老会找碴儿，说希腊大使已经待得太久，该派遣回国了；而希腊大使们都十分狡猾，能说会道，能轻而易举地说服别人接受自己的观点。哪怕找不到其他理由，就凭这一点元老会也该把大使们送回希腊的学校去教导自己的小孩子，让他们远离罗马的孩子，这样罗马孩童们就能像从前那般继续遵守法律，服从元老会。他会对元老会这样进言，是因为他很讨厌哲学，也因为他太狂妄自大，轻视希腊人带来的灵感和知识。”[3]

1　译文选自《古希腊悲喜剧集（5）》（译林出版社，2005 年出版）——译者注

2　《酒神的伴侣》（Bacchae），769 ff.（tr. Murray）。

3　普鲁塔克，*Vit. Cat.* 22（tr. North）。

以类似理由吹毛求疵地干扰个人自由在古罗马很常见。公元前161年，执政官被授权可以将古希腊的哲学家和修辞学家遣送出罗马。有些伊壁鸠鲁学派的老师被解雇——大概是公元前184年。等到公元前92
72 年，审查者们发布了下面这条法令：“我们被告知有些人创立了新的教学方法，而且有年轻人去他们的学校上学。这些人自称拉丁修辞学家（Latin rhetoricians），而年轻人天天和他们挥霍时间。我们的先父决定了子孙该学什么知识，该上什么学校。这些新学校有违先父的惯例和传统，在我们看来既不讨喜又不正确。因此我们认为应该向这些学校的创办者和学生表明态度。”这古板态度和粗暴措辞带我们进入了一个世界，那里国家第一，个人没有生存的空间。个人的权利仅限于遵守职责。

很容易解释古希腊和古罗马之间的差别。这其中涉及很多原因，但主要因为两个民族的历史不同。600年来，古罗马不曾停歇，不断经历战败，每一刻都在为生存挣扎，最终赢得了胜利。从自己的矮小城镇望去，古罗马公民能看见敌人所在的山丘和禁止通行的堡垒。伊特拉斯坎人（Etruscans）、拉丁人（Latins）、埃桂人（Aequians）、沃尔西人（Volscians）、赫尔尼基人（Hernicans）、维伊人（Veientines）、萨莫奈人（Samnites）和高卢人（Guals）——古罗马人必须与他们交锋，并将他们全部击败。在此之后，还有更强大的敌人：皮拉斯（Pyrrhus）、汉尼拔（Hannibal）、腓力（Philip）、安条克（Antiochus），还有非洲和东方的军队。这长年累月的斗争培养不出宽容气质。罗马公民习得的品质是坚忍不拔、精力充沛、绝不动摇和体格强壮。他们的力量不是柔韧之力；他们注定成为钢铁之躯。他们没有多少开口的机会，更没有质疑的
73 机会。当自己的城邦有可能在二十四小时内遭遇屠城，他们就不会质疑保佑他们成功的神是否存在，也不会争取与国家利益相冲突的个人权利；当赫尔尼基人在燃烧庄稼，他们也不会去争论宇宙的本质。需要的是行动，不是辩论。辩论只会削弱行动。

古希腊则更加——相对而言——欢乐。毫无疑问希腊经历过苦难岁月，但那很轻易地就过去了，随后就是起起伏伏的和平历史时期。等到公元前五世纪，曾经的炮火磨难已不会萦绕在雅典人心头，因为古希腊

历史不是“populi iam octingentesimum bellantis annum res”，[1]“关于一个经历了 800 年战争的民族的故事”。古希腊人的性格也因此更温和。他们不会刻意限制行为、压抑自我，尽管后来希腊人渐渐对此习以为常。他们更加感性自然，因此也更自由。古罗马人脸上写着坚毅，还有深入骨髓的克制和禁止。古罗马政治家冷酷的五官上也是如此。但古希腊人的脸上体现出某种宁静，是古希腊雕塑家爱刻画的样子。

我们在上文偏离主干，对比了古希腊和古罗马。但这不是为了批评谁。我们同情哪方取决于我们的天性，我们也不关心谁对谁错。重要的是，从大范围看，无论从思想上还是生活上，古希腊都避免干扰自己的公民。这也是古希腊人得以自由的原因。他得以自由地以稳定而完整的视角看待生活。神父或政客都无法压迫他。

1　李维对古罗马的描述，9.18。

第三章　对直率的注释

74 思想要想得到最高程度的发展，不受政治和宗教限制是必备条件。只有当人类的头脑能够自由探险，哲学和宗教才可能发展。文学基本都能在这种自由下发展，但在对哲学和科学有阻碍的环境里，文学也可能蓬勃发展。世界上最出色的有些史书就是在严格的政教合一环境下写成，虽因和神职人员距离过近而沾染了偏见。在古希腊，智慧的发展不一定需要思想自由。品达出生于祭司之家。他的生活观不存在思辨，正统让他在宗教和政治领域几乎有些狭隘。他紧紧依附传统，坚定不移地支持出身和财富带来的特权。即便他无法像德谟克利特（Democritus）或阿那克萨哥拉那样大胆思辨，他也是世界上最伟大的诗人之一；即便目光狭隘，他的诗作依然是真实的“对生活的批评”。因此，当马修·阿诺德或歌德告诉我们古希腊人异常“真实”时，我们不能假设他们之所以如此，只是因为他们能享受“随性”（παρρησία）。我们要将目光放远，去探索那种让他们能以稳定而完整的视角看待生活的品质。

拉斯金（Ruskin）在介绍“古典风景”（Classical Landscape）的篇章里将注意力引向了古希腊人的一种特定品质，正是这种品质决定了他们看待自然的视角。现代画家致力于“表达他作为生命体对无生命体的

想象”，古希腊人则“满足于表达景色非想象的、实际的品质。”对荷马 75
来说，海浪是“从头到尾，随心所欲，依然只是咸水……漆黑或清澈，巨型或紫罗兰色，永远都是冰冷的咸水，没有别的了”。他提到自然时都是这个风格。古希腊人看风景时，只会看到显而易见的东西。对他而言，一座山就是一座山，一棵树就是一棵树，一朵花就是一朵花。

对此拉斯金给出了一些优秀例证，可以在《现代画家》[1]里读到。这里我只想自己提一个例子。它可以有效论证我的观点，因为它对比了一位古代诗人和一位现代诗人的写作。勃朗宁夫人在其中一首诗作里这样描述海鸥：

> 熟悉每一朵浪花，自由自在，
> 仿佛他就是浪花激起的白色泡沫。
> 他的心在海洋的心之上，
> 学习它每一种神秘手势，
> 对着悸动的海悸动。
> 仿佛海洋和天空，
> 在他体内点亮，抚育了，
> 一个灵魂，上帝最初不曾给予，
> 如今他用它理解海天的威严。

海鸥被捕获，被带往一座内陆花园，并在那里死去。

> 但地上的花朵对他而言苍白无色，
> 他已见过彩虹鱼畅游；
> 当地上的露水落在他周围，
> 他想起了海洋飞翔的水沫。
> 他的双眼因悲伤而无神，暗淡无光。

1　参见文章 *Of the Pathetic Fallacy* 和 *Of Classical Landscape*。

……

76 后来带来了她愉悦的脸，
她温和的声音低语着，
代替海洋感染他的心，
教会他什么是人类的爱——
他觉得那爱奇怪而令人叹惋。
他在悲哀中卧倒死去，
（第一次看向海一样的天空
但没有海浪！），因为，啊！
我们人类的接触确实传到了他身上，
伴随我们接触的，还有我们的忧愁。

没人会否认这首诗有特殊的优雅和魅力。但请亲自走下悬崖，看看白色大鸟在你和海洋之间盘旋，用饥饿的鸣叫填满空气，或掠过自己筑巢岩石附近的水域。然后读一读黑体诗行，问自己，这些大自然的野孩子是否真的具备，或有没有可能具备女诗人所赋予海鸥的情感和体验。当我们走在海滩上，与海鸥亲密接触，阿尔克曼（Alcman）的诗句一定会浮现在我们脑海，不仅因为那首诗是对现实的忠实描述，还因为它对海鸥魅力的描绘让人更有共鸣。阿尔克曼也看到了海鸥从石堆里的家中飞走，但只看到大鸟“从盛开的浪涌上飞过，身旁是翡翠鸟作伴，无忧无虑，海蓝色的春日之鸟”。[1]

勃朗宁夫人对海鸥的描述究竟有多公正，这个复杂问题无需我们解答。我们只需注意阿尔克曼身上的希腊式直率。一只鸟就是一只鸟，仅此而已。那些诗句只是对事实的直接描述，除了两处地方。但见过白色泡沫在绿色海浪浪尖破碎的人，都不会反对诗人将其比作绿叶包裹盛开的花儿；
77 见过海鸥飞翔的人，都不会抱怨作者把它们写成“无忧无虑”。

1 fr. 26. ὃς τ' ἐπὶ κύματος ἄνθος ἅμ' ἀλκυόνεσσι ποτᾶται νηλεγὲς ἦτορ ἔχων, ἁλιπόρφυρος εἴαρος ὄρνις.

除了这两处，作者只看见海鸥表面的样子——为避免产生新的问题，我们就不说“原本的样子”了。作者只关注表面特征，他从海鸥身上看到的东西，可能和一个懂事开心的孩子看到的相同。用拉斯金的话说，他满足于“表达物体自身非想象的、实际的品质”。他直率地看待它们。

拉斯金追溯到“直率”对古希腊人自然观的影响就心满意足。但我们必须更进一步。我们要追寻直率如何影响古希腊人看待比风景或海鸥更重要的事。直率是一种思维方式，一种看待生活的方式。它引领着古希腊人的眼睛，将他们的注意力引向特定事物。它提供了一段焦距，焦距以内他们看事物都是立体的，焦距之外他们看见的只有黑暗和混沌。它决定了他们对世界的全部看法。因为无论在哪里，他们都只关注事物显而易见的特征，可以说，他看见它们赤裸的样子。

想想古希腊人对爱的态度。人们容易抱怨古希腊没有情诗，如果是指古希腊没有像《葡萄牙人的十四行诗》(Sonnets from the Portuguese)那样的作品，或没有像勃朗宁情诗那样的诗，那他们说得没错。但古希腊有许多关于爱情的诗歌，没有一出古希腊戏剧不提及阿弗洛狄忒和她的作品。抒情诗人也常常关注这一主题，无论他是否有名。确实，如果这个出色的民族忽略了人类最感兴趣的主题，反而有些奇怪。只是古希腊情诗和勃朗宁夫妇的情诗不同。

我们可以从不同层面看待爱。它有物理根源，最初是身体上的激 78
情。同时，它又是精神和智力最强劲的补药。它就像红酒，渗透全身，直至汇入思想和情绪之泉，成为聪慧、想象力、情感、勇气、毅力、同情心、自我牺牲和人类所有活动的动力来源。再从另一个层面看待，爱也是最坚韧的社会纽带，是家庭的根基。或者，爱可以是人类最亲密的联系，是“互相交际、帮助并安抚”的联盟。这些层面不一定泾渭分明，但为了论证，我们对其区分看待，可以将它们描述为：对动物的爱、对恋人之爱、对父亲的爱和对丈夫的爱。这些是看待爱最浅显的方式，也是古希腊这个民族看待爱的方式。

但还有另一种看待爱的视角，那是现代诗人最喜欢的视角。目前为止，我们只把爱当作一种情感看待，即使它区别于动物的情感，也还是原始自然的，即使它被理想化，也依然属于尘世。但有一种看法认为爱是超越尘世、超自然之物，认为它能滋补精神，是凡人无法品尝到的琼浆玉液；爱不生长于泥土，也不扎根于地球的磨坊。从前人们认为爱是人与动物的共通之处，如今爱的物理根源被遗忘殆尽，爱变成了基督和教堂所建联盟的符号。从前欲望得不到满足，爱就会徒劳受挫，如今被拒的求爱者只觉自己在激情方面收获颇多，不比得手的敌人差。许多现
79 代诗人的态度就是如此。他们忽略了爱有形、原始的一面。他们的头脑里只有精神满足。勃朗宁从亡妻身上寻找“所有希望、支持和鼓励”。[1]他心中的恋人形象以某种的神秘方式和一个死去的女孩融合起来，那个女孩几乎不认识他，而且还很年轻，没有爱的概念。[2]他可以满足于和一个不回应他激情的女人相约骑马；[3]出于平静的满足感，他祝福敌人的成功。[4]

现代诗歌多沉迷于这个晚期阶段，古希腊文学却没有这方面的特征（除了一位大作家）。古希腊人直率地看待爱，认为它要么是原始的激情，要么是社会纽带，要么是人们为寻求慰藉成立的联盟。如果有人想要证据，就去古希腊戏剧中三句不离爱的诗句里找。他也可以回忆印象中所有相关文章，去《古希腊悲剧索引》(Indices in Tragicos Graecos)里寻找厄洛斯（Ἔρως）和阿佛洛狄忒（Ἀφροδίτη）的名字作为补充论据，埃斯库罗斯可以被略去，阿里斯托芬说他永远也描绘不出恋爱中妇女的模样。[5]索福克勒斯和欧里庇得斯俩人也是不错的例证。这人最终会发现，古希腊作家看待爱情的方式和勃朗宁截然不同，他们有的只是直率。

古希腊文学一向如此。这里有一些典型文段，部分来源于戏剧，部分来源于其他作品。首先是一首萨福的著名情诗，我决定以最直白的散

1 *Ring and the Book*，bk. 1. fin.

2 *Evelyn Hope.*

3 *Last Right Together.*

4 *One Way of Love.*

5 《蛙》，1044。

文体进行翻译，因为诗歌翻译得再优秀也会掩盖它的简洁性。

> “在我看来他犹如大神一般，面向你坐着，仔细聆听你甜美的
> 嗓音，你可爱的笑声：它让我的心在胸膛里颤抖；一旦瞥向你，我 80
> 就发不出声音，我的舌头打结，微小的火焰直直穿过我的躯壳，我
> 的眼睛什么也看不见，我的耳边有轰鸣声响，我的身体汗如雨下，
> 四肢不住地颤栗；我比秋天的草地还要苍白，已如一具死尸。”[1]

翻译成其他语言就是“我的恋人出现，让我五感都失去了控制”。诗中描写的情感都来自白热化的身体激情，展现出惊人的张力；所有人都会同意它属于尘世生活。

现在来看另一个文段，从表面看，它更像现代作品。

> 爱不只是爱，
> 在她的名字之下，还藏着很多名字；
> 因为她是死亡，是不朽的力量，

1　fr. 2.

φαίνεταί μοι κῆνος ἴσος θέοισιν
ἔμμεν ὤνηρ, ὄστις ἐναντίος τοι
ἰζάνει καὶ πλασίον ἆδν φωνεύ –
　　σης ὐπακούει
καὶ γελαίσης ἰμερόεν, τό μοι μὰν
καρδίαν ἐν στήθεσιν ἐπτόασεν`
ὠς γὰρ εἰσίδω βροχέως σε, φώνας
　　οὐδὲν ἔτ' εἴκει`
ἀλλὰ κὰμ μὲν γλῶσσα ϝέαγε, λέπτον δ'
ὀππάτεσσι δ' οὐδὲν ὄρημ', ἐπιρρόμ –
　　βεισι δ ἄκουαι.
ἀ δὲ ϝίδρως κακχέεται, τρόμος δὲ
παῖσυν ἄγρει, χλωροτέρα δὲ ποίας
ἔμμι, τεθνάκην δ' ὀλίγω 'πιδεύης
　　Φαίνομαι ἄλλα.

是纯粹的欲望，是狂躁的怒气，是哀叹；
她体内聚集了各种冲动，
引向暴力、活力或宁静。
爱神深深感化万兽，
他们都成为她的俘虏；水中游的鱼群，
地上跑的四脚兽群，
81 都庇护她；在鸟群中她的羽翼至高无上，
在万兽中，在凡人中，在众神中，她都位高一等。
敢与她搏斗的神，都被她击倒。
……
人与神所有思想
都被爱粉碎，不费一枪一矛。

第一眼看上去，这似乎更像是现代视角下的爱。但仔细阅读，你会发现索福克勒斯头脑中的爱仍处于早期阶段。只不过萨福处于白热化的激情中，而索福克勒斯能冷静地思考。但对他而言，爱依然只是自然的产物，是迫切的欲望，能让人陷入癫狂，或让人心满意足，或让人苦不堪言，或让人精力充沛，或让人懒惰成性。它总是搅乱人类的测算和计划。这种爱仍处于尘世的阶段。

这两个例子说明了古希腊人对爱的总体态度。接下来的文段是关于婚姻之爱。安德洛玛刻（Andromache）在谈及嫁给奈奥普托勒姆斯（Neoptolemus）做妾后的命运时，向死去的赫克托耳（Hector）宣誓忠诚：

怎么做？我该怎么推开，
赫克托耳那亲爱的脸，敞开心胸，
迎接新的主人？哦，那样我至死，
都将是叛徒！……
一晚，只需一晚……

男人们说，就可以驯服女人，
让她躺在他们的臂弯……哦，可耻啊，可耻啊！
什么样的女人，她的嘴唇能背叛亡夫？
哦，我的赫克托耳！最挚爱的人，
是我的人，我最珍贵的人，
我的王子，我的智者，哦，我英勇的陛下！
没有男人的触摸，
曾接近我，自从你将我从我父亲家接走
带领我，占有我。[1]

这些文字读起来有些干瘪，因为现代情诗诗人喜欢用华丽词藻宣示 82
激情，古希腊人则只是满足于感受事物本身，将装饰点缀弃之一旁。但除了不具备神秘主义的思想，诗中展现的婚姻观已经十分完备。当然它展现得十分直率。上述译本已经削弱了古希腊语原文的直接程度。黑体诗句直译过来是："我有你做丈夫已足够，因为你有智慧和出身，还有大量财富和勇气。"安德洛玛刻认为婚姻不是神秘、超自然的事物，也不是圣事，而是妇女对第一任丈夫纯粹而自然的喜爱，那是她少女时期的丈夫（ἀκήρατον λαβὼν πρῶτος τὸ παρθένειον ἐζύξω λέχος），她认为自己有他"已足够"，而且高度重视他实在可靠的品质如"出身、智慧、勇气和财富"。这种婚姻就是"互相交际、帮助并安抚"的联盟。

古希腊人基本止步于此。他永远不会写出《最后的同行》（Last Ride Together）、《伊芙琳·霍普》（Evelyn Hope）、《一条爱的道路》（One Way of Love）、《集市上的菲芬》（Fifine at the Fair）的尾声，或者《哦，奔放的爱》（O Lyric Love）开头的诗句，《指环与书》（The Ring and the Book）第一卷就以那些诗句结尾。读一读后两首诗；它们和上文欧里庇得斯的诗句写了同一个场景，都是丈夫和亡妻对话。但勃朗宁对待妻子、称呼妻子的方式，让人感觉她还在世，两人之间依然亲密，他从她

1　欧里庇得斯，《特洛伊妇女》，661 ff.（tr. Murray）。

身上寻求灵感和安慰，而安德洛马刻坚信她和赫克托耳已彻底分离，只有在行使保持忠贞的权力时，她才与他有最后一点联系。第一种联盟受限于时间和空间，第二种联盟则不受限。勃朗宁有神秘主义者的特点；
83 至于欧里庇得斯，虽然没有人会认为他的情感是非唯心的，但他依然是世俗化的。他只看到婚姻存在显然需要的客观条件。就像阿尔克曼看待海鸥，他直率地看待婚姻。

于是古希腊人无所不见。这里有三个更进一步的例子，是关于丧子、友情和死亡的文段。这些话题不适合直白处理，允许虚假的痛苦和情感出现，任何作者遇到它们时都会小心翼翼。但古希腊人坦率面对它们。他把一只蜘蛛叫做蜘蛛，而且，尽管前两个文段的文字看上去有些幼稚，很多人都会同意，第三个文段的文字体现了痛苦的自省，不管我们是否同意文中观点。

第一个例子来自欧里庇得斯的《请愿妇女》(Supplices)。阿尔戈斯有七位将士倒在了底比斯（Thebes）的城墙下，他们的母亲为死去的儿子哀悼。她们是这样说的："哎呀，我的儿！我怀胎十月生你受苦，我养大了你只落得不幸，如今冥王夺走了我辛苦养大的果实，不幸的我虽有儿子却没人养老。(张竹明译)"[1]Γηροβοσκὸν οὐκ ἔχω，"我没人养老。"可以发现很多英语译本都删去了这一句。它们下意识弱化这句话的存在。而且可以推测，除了古希腊作家，任何作家都会略去这句话不写。他会着笔于丧子的悲痛、青年人和未来蒙上的阴影；但他不会允许角色将晚年凄凉的前景作为悲痛的理由，如此直白地呈现出来。他会选择更传统、更安全的理由。哪怕是相对粗俗的英语文学，即便理论上有
84 可能写出这种话，但我也不记得哪部作品在描写丧父或丧子时，提到过这个特别的坏处；民谣作者满足于简单地说：

> 第二天早晨，许多寡妇，
> 来哀悼自己的丈夫。

1 *Suppl.* 918 ff.

但欧里庇得斯至少有四部戏剧提到了这种“养儿防老”的传统（γεροβοσκός）观念[1]。这一主题在古希腊悲剧里很常见。古希腊人直率地切入人类家庭一大不幸——失去顶梁柱。他把我们这些多愁善感的人吓了一跳。古希腊人不是多愁善感之辈。他看待生活很直接。

下面是古希腊人直率的第二个例子，来自一位哲学家。是亚里士多德谈论友谊。这个话题已经有了太多名家名言，就连亚里士多德也在避免重复，他可能觉得谈论这个话题时，自己的座右铭应该是为“（为友 85
谊）欢呼”（εὐψήμει）。但他是这样说的：“有朋友是好事；不仅因为人本质上都想要朋友，还因为朋友在很多方面都有用。”[2]然而亚里士多德不是犬儒主义者，这点从他在《尼各马可伦理学》（Ethics）里对友谊的论述可以看出来。他也不是在开玩笑，因为我们发现柏拉图也将友谊比喻成一棵树，说它值得栽培以收获果实，并谴责那些忽略如此有益投资的人。“还有哪种财产能和一位好友相比？”（目前还没有不寻常的观点；但接下来的言论在现代人听来有些怪异。）“哪匹良马、哪群动物能和好友一样有用？哪个奴隶能如此好脾气？还有哪种财产能如此完美？……

1 《美狄亚》（Med.），1033；《阿尔克提斯》（Alc.），663；《腓尼基妇女》（Phoen）1436；以及这个文段：可能出自《伊翁》，475。色诺芬在《经济论》7. 19 里说男人和女人结婚，首先族群就不会灭亡；其次，这种配对可以延长人的平均寿命，让族群有更多老人（γηροβοσκοί），一位澳大利亚记者让我想起了英语文学里相似的一个文段。在沁孤（Synge）的《骑马下海的人》（Riders to the Sea），老妇人对儿子说：“改不了了，我们一定会等到你和其他人一样淹死的那天。到时我和我姑娘该怎么活下去？我已经是半身入土的老女人”。这也是“养儿防老”的传统（γηροβοσκός）观念。虽然如此，我依然不认为这段话能和那些古希腊悲剧类比。首先，沁孤是现实主义者，住在爱尔兰破旧村舍里的老妇人平时用什么词，都被他忠实转移到纸面上。其次，美狄亚（Medea），阿尔克斯提斯（Alcestis）和伊俄卡斯忒（Jocasta）都是王后或公主，不是毛利亚（Maurya）那样的农妇；让她们这么直白坦率（γηροβοσκοί）地说话似乎有点奇怪，至少以我们的传统眼光来看如此。然而，若我想在现代人身上寻找古希腊文学里天真而自发的直率，我会先去爱尔兰西部和南部保留原始习性的地区，无论在这个还是其他主题上，你都很难从那些地区的文学里找到虚情假意的作品。然而，在塞内卡（Seneca）悲剧里，你很容易找到相反的例子。

2 *Rhet.* 1326^{b}，19.

然而，有些人常常采摘他们种下的果实，我们大多数人却懒惰而粗心，不去留意被我们称作朋友的丰厚财产。”[1]

多么犬儒主义！我们想道。但这不是犬儒主义，只是完全的坦诚，不惧弄清一件事的后果，也不耻于将后果说出来。我们总能遇见这种坦诚。古希腊人能开放地谈论性事，对性暗示也不避讳（可以参考古希腊悲剧里常见的措辞和比喻），这点带来最显而易见的好处，便是让古希腊文学远离淫乱之风。古希腊人坦承自己的勇气或懦弱，现代作家对这个话题尤其持保留态度。“我不答应和十个人或两个人打斗，就连一个人也不愿意。”戴玛拉托斯（Demaratus）对薛西斯说道。一位年轻的雅典士兵在科罗尼亚（Coronea）战败后，这样向陪审团解释自己的感受：“执政官投票来选出支援的分队，我们都很害怕——这很正常，先生们；
86 那很可怕，刚安全一会儿，又陷入新的危险。”亚里士多德宣称只有“疯子或失去知觉的人”才不害怕地震或海上风暴；他还补充道：“公民似乎经常被置于危险境地，危险不是来自于法律的处罚和责难，就是来自于法律授予的荣誉。”[2] 如果有现代人想到了这些事，他会如此直率地说出来吗？

还有一个例子，比上一个例子更佳，因为它带我们走进生活里深层次的事物。这个例子取自葬礼演说，该演说发表于伯罗奔尼撒战争第一年。在凯拉米克斯（Cerameicus）有一场公共葬礼，纪念当年牺牲的人，整个雅典都来听伯里克利在逝者坟墓上发表演说。这对伯里克利来说不是轻松活。安慰逝者亲属是臭名昭著的难事，而且伯里克利甚至不相信逝者有来世。在他下方的人群中，他看见了丧夫、丧父或丧子的人。他谈及他们的损失时该怎么说？他很难避开“空谷壳也对稻谷有益”这种话。他是这样说的：

“要知道，你们的一生已几经世事盛衰；那些赢得最大尊敬的

1 色诺芬，《回忆苏格拉底》，2. 4. 5 f.

2 《历史》，7. 104。吕西亚斯（Lysias），*Or*. 16. 16. 亚里士多德，1115^{b}，27；1116^{a}，18。还有埃斯基涅斯（Aeschines），*In Ctes*. 175.

> 人，会被普遍认为是幸运儿，无论是像你们儿子那样因死亡获得尊敬，还是像你们那样因悲痛获得尊敬。我知道你们很难感受到这点，因为那些拥有子女之幸的人，会让你们忆起曾经照亮心房的欢乐时光。剥夺我们习以为常的恩宠，将带给我们最深的悲痛。你们中间有些人还处于能再要一个孩子的年龄，这些人或许能更好地承
> 受悲痛。那后来降生的孩子，不仅能让父母忘记失去的孩子，对城 87
> 邦也有好处。至于那些已经过了黄金年龄的人，我想说：祝贺你们在盛年体会过快乐；请记住，悲伤的日子不会久留，且会被逝者的荣耀安抚。当人年老而不中用，荣耀就是他的喜悦。”[1]

这安慰有些冰冷，尤其考虑到古希腊人眼里的丧子比我们眼中的丧子更为不幸。[2]然而伯里克利没有对听众的损失避而不谈，或将它最小化。他着重讨论这种损失，不断重复，让听众牢牢记住自己的损失。他甚至提醒他们，在往后的漫长岁月里，这种损失还将带有后遗症。有人认为爱过又失去比从来没爱过好。伯里克利不同意，而且没有对听众隐瞒这点。他提供的安慰又是什么？某些人应该再生孩子，为雅典做贡献；剩下的人在“年老而不中用”时，就要靠邻居的敬意自我安慰了。这里没有装腔作势的文字，没有偏离事实。我们不一定同意伯里克利的观点。但无论如何，伯里克利看待死亡很直接。将伯里克利的话和一篇主题相同的优美论述对比，我们就能看出这点。它节选自屈莱顿（Dryden）的《对安娜·基利格露的念想颂》（Ode to the Memory of Mrs. Anne Killigrew）。

> 你是上天最年幼的处女，
> 是最后受到祝福的创造物；
> 你的掌心刚从天堂抽出，

1　修昔底德，2. 44。

2　欧里庇得斯将孩子摆在“财富和头衔”之前：《伊翁》，482——参见全文及各部古希腊文学。

庄严地四处伸展枝桠，
茂盛而长青：
无论你和邻近星辰一起，
在我们头顶争相竞跑，
还是固定而有规律地，
88 随着天堂神圣的步伐移动：
还是能享受更优越的极乐，
和六翼天使一起踏入广阔深渊：
无论你的地盘有多快乐，
请先暂停你的仙乐；
（你将有足够时间演唱神圣赞美诗
因为天堂永恒的年岁都属于你。）
然后聆听你赞赏的一位人间缪斯排练
　　高雅诗篇，
你在天堂里一展歌喉，
恰如你平素在凡间的春日那般放声高歌，
只为让你自己成为天堂里受欢迎的同居者；
而你还是年轻的候选人，
还在等待进入天堂。

这很显然是“优雅的诗”。但再读上文引用的葬礼演说，它完全没有屈莱顿那种刻意的艺术。因为它的语言和情感都很直接，几乎到了残忍的地步。很多人可能会认为，如果演讲中所说就是爱国主义的所有后果，以及生养孩子所经受痛苦的所有回报，那圣保罗说得没错，古希腊人在世界上没有希望。但不管对错与否，对于死亡是什么，修昔底德的感受无论如何都比屈莱顿深得多。他没有用文学修辞手法或多愁善感模糊死亡的外形。他将我们直接带到死亡面前，若将他的文字和屈莱顿的文字摆在一起，前者可以轻易打败后者。屈莱顿的诗句十分优美，也富有感情，而且凭借其庄严而富有想象力的措辞，称得上真正诗人的作品。我们或许可以坐在火炉旁的扶手椅上轻松阅读它。但将它放到葬礼上，难道不显得有些滑稽吗？

人们更习惯先下定义，再详细阐释。我们调转了这个过程，在分析一项品质之前，先提供体现该品质的几个例子。我们发现古希腊人不像
但丁那样看待爱，不像屈莱顿那样看待死亡，也不像勃朗宁夫人那样看 89
待海鸥；我们发现古希腊人以天真的坦率，承认朋友和孩子的功利用途。他们这么做是遵循了思维中某种习惯，我们将这种习惯定义为直率。现在，我们必须回头来定义直率到底是什么。

直率不同于两样事物。我们容易将它误认为是不受传统惯例约束的后果，但它并不是。如果有人坚持古希腊人看不上传统惯例，我们很容易用古希腊戏剧反驳他，只需指出古希腊戏剧的合唱队、三位演员、诡异的舞台构造、长篇大论、绝妙神话所遵循的传统惯例，比我们自己的戏剧还要多。但这并不是贬低古希腊戏剧。所有文学作品都要有权威公认的形式。韵律、格律，包括语言本身都是传统惯例。但遵循传统惯例不是墨守陈规，前者不能违背内心的真实感受。我们可以戴假领子、穿燕尾服或一件精美服装，但无需因此变得拿腔作势。有人争论说欧里庇得斯等人在作品中使用神话，却不相信神话，因此不能被称作直率，上述句子可以作为我们的反驳。

直率也不是说古希腊人对事物本质有完全精准的认识，他们不像技术高超的外科医生，能在毫米间精准切割。这种赞誉对他们而言过高了。人类没有被赋予如此精准的洞察力，无论我们转向古希腊哲学家对宇宙的思辨，还是古希腊诗人对众神做的梦，都能发现他们和所有人类一样，会犯下错误，目光会被遮蔽。这也不是贬低古希腊人，因为每个
时代都有信仰会遭到后人摒弃。在米尔顿笔下，撒旦（Satan）跨越燃 90
烧的灰土之海，在莎士比亚笔下，普洛斯彼罗（Prospero）和一个长翅膀的精灵交谈。两位作家将角色置于奇幻背景之下，但这并没有影响撒旦成为反抗精神的代言人，也不影响普洛斯彼罗成为老年人仁慈智慧的代表。埃斯库罗斯和欧里庇得斯同理。他们在写作中涉猎神话传说，但这并不影响他们真实地看待生活。

请记住古希腊人是古代民族，这点有助于我们理解他们的直率品质。古希腊人比我们更单纯、更天真、更不精于世故，因为他们生活在世界诞生初期，继承的传统思想较少，积累的知识较少。他们身上有种孩子气。他们像孩子一样，会撒谎，也会被蒙骗，但浪漫主义和多愁善感还没有控制住他们。他们像孩子一样，有直奔主题的惊人力量。他们有种孩子气，带着新鲜感看待最普通的事物，并依靠这种新鲜感，用直觉照亮了“我们终其一生摸索”的真相。他们的孩子气还体现在直率，他们只看见客观存在的事物。只不过他们是拥有成人智慧的孩子。

古希腊人的这种原始性和简朴，首先造就了他们的头脑清醒、他们的具象性、他们的确定性、他们“永远清晰的轮廓”、他们的直率。这些都是古希腊人的崇拜者大书特书的品质。古希腊人太年轻，对我们时代很多品位都无力接受。他们自己说自己不喜欢 τὸ ἄπειρον，即无限，“无法看见尽头的东西”。他们不喜欢神秘这个概念，也丝毫没有
91 主动探索它的欲望，而梅特林克（Maeterlinck）、魏尔伦（Verlaine）和现代象征主义作家都靠神秘为生。[1] 现代诗歌里的常见现象、对现实的反叛、对不可能的渴求、对有限之外的探索、对感知和外在事物固执的追问，对潜藏世界的渴望，这些都不属于古希腊人。他们不像勃朗宁夫人，在海鸥里看出了半个人类的灵魂；他们不像雪莱，在无限空间（illimitable inane）里飞翔，以非物质的形式表达物质；[2] 在描述一朵玫瑰的凋零时，他们也不会像布莱克这样写道：

啊，玫瑰，你病了！
那看不见的虫，
在晚上飞的，
跟着咆哮的风，
它发现了你的床，

---

1 A. Symouns, *The Symbolist Movement in Literature* 对现代象征主义做了实用记载。

2 F·汤普森（F. Thompson）关于雪莱的随笔，p. 58。

一床猩红的喜悦，
于是它用暗中的邪爱
把你的生命摧毁。（王佐良译）[1]

他们也没有在纯粹的美之间嬉戏，仅仅因为追求生动或华丽就使用不质朴的语言，描绘不真实的场景；他们不像维吉尔，让一群乡下人公开谈论政治，也不像奥维德（Ovid），将智慧耗费在自己虚构的人物上，那些人物可能和德雷斯顿（Dresden）瓷器上的侍臣和牧羊女一样美丽，但也和他们一样不真实；不像屈莱顿，在描述毁灭性死亡时，将死者描绘成走在群星队伍中，向天堂移动；不像海涅，谈论北方一座白雪覆盖山岭上的松树，幻想一棵棕榈树在东方燃烧；不像豪斯曼（Houseman）先生，告诉我们如果前往什罗普郡（Shropshire）的一座桥，就能听见他的灵魂“在闪烁的河堰上叹息”。古希腊人不会沉迷于不加节制的感性，为营造华美、壮烈、感伤或生动的氛围不惜一切代价，也不会为了表达效果而牺牲真相，离开现实去追随鬼魂（鬼魂最终无法解答追随者的疑问）。因此，他们可以避免犯下我们文学作品里最常见的错误，这种错误在五十本小说里要出现四十九次，就连我们最伟大的作家也难以幸免。古希腊人完全不赞成狄更斯虚假的煽情、蒲柏夸张的虚构、拜伦的矫情、布尔沃·利顿（Bulwer Lytton）的做作。

恰恰相反，古希腊人做了勃朗宁夫人没有对海鸥做的事、维吉尔没 92
有对意大利乡村做的事、布莱克没有对玫瑰做的事、拜伦没有对自己做的事——他们将目光聚集在事物上，并如实写下自己所见。他们确切而真实。他们活在现实世界。他们看见事物赤裸的样子，发现海鸥是一种普通的鸟，爱是一种明确的情感。他们的探索不超过目光所及，满足于事物本身的美。他们认为，只要你睁开眼睛仔细看，就会发现真实世界已足够美丽。而且，他们知道丧子会使父母穷困，知道朋友有利用价值，知道若父母已过某个年龄，就无法再生育，以新生儿替代战死沙场

1　译文引自《英国诗选》（上海译文出版社，2012 年出版）。——译者注

的孩子。他们直截了当地说出来。他们对这些事情不会感情用事。

在这里，我们要防范另一种常见误读。有些现代作家并不感情用事。他们以近乎无情的目光看待生活。他们睁开一只眼睛，看见了所有事物丑恶、刻薄或可憎的一面，然后创造出残忍且尖刻的文学作品，程度令后人咋舌。不要觉得古希腊式直率会引向这种结果。古希腊式直率不等于厌世主义。

93 古希腊人同时睁开双眼，不会因为看见邪恶就忽略美好。他们知道生活就像光，可以分解成不同颜色，生活不是非黑即白，而是有多种色调。于是他们绝不会落入污秽的“现实主义”。哪怕在最悲伤的时刻——悲伤的调子贯穿了古希腊哲学——他们也会记得，自己曾从神的身上感受过善良，也感受过邪恶。亚里士多德写道：“为快乐的事欣喜，但也别为糟心事过分烦恼；记住我们的生活中存在一种平衡。”[1] 一个朋友给另一个朋友的祭文里这样写道：“我不会为你落泪，上帝以诸多坏事对你，但你也见识过许多美好。”[2] 光明平衡了黑暗，黑暗平衡了光明。这就是古希腊人的态度，这是最真实的现实主义。

我们谈到的这种直率，不只在古希腊人身上能找到，在每个民族的作家身上都能找到。乔叟在《坎特伯雷故事集》(Canterbury Tales）里和荷马一样直率。《萨迦选集》(Icelandic Sagas）也一样。所有早期文学作品都一样。因为早期诗人活在初生的世界里，和世界一样朝气蓬勃。因为做作和滥情尚未成为文化的附属品（它们最终会危害文化），直率在每个时代的早期都能存活，在大多数时候会成为主流。但随着时间推移，这种原始的单纯常常会让位给矫揉造作和不切实际。在我们的文学史上，李利（Lyly）的《尤弗伊斯》(Euphues）、菲利普 · 西德尼（Philip Sidney）爵士的阿尔卡迪亚（Arcadia）就标志着这种转变。古希腊有没有类似转变呢？古希腊作家眼中的世界会不会日渐陈腐，以致他们将目光移开，转而跟随幻想和美丽，走进虚构的领地？比如，在欧里

1 fr. 66.

2 Stobaeus，*Flor.* 124，p. 616（tr. Mackail）.

庇得斯的时代，诗歌已经诞生超过两个世纪，第一轮发展盛况已经离世 94
界而去，我们为什么没有发现古希腊人抛弃直率，被其他事物吸引呢？

当然了，我们在公元前五世纪看到了这种改变的迹象。埃斯库罗斯作品里的夸张色彩——很容易夸大其夸张程度——可能源于他热爱夸张的独特天性。但在柏拉图的《斐德罗篇》（Phaedrus）和《会饮篇》（Symposium）（我们随后会分析），你会发现一种新的精神面貌。《酒神的伴侣》（Bacchae）中的合唱团也充满了浪漫主义气息，唱出这样的诗句：

πᾶν δὲ συνεβάκχεν' ὄρος
καὶ θῆρες.

该诗句运用了现代的写作方式，将鲜活的情感注入无生命的事物。[1]在《论崇高》（Treatise on the sublime）的第三章，作者举出几个真相服从表达效果、现实服从刻意设计的例子。这两者都是直率的大敌，柏拉图曾在《会饮篇》中阿迦松（Agathon）的演说里对其大加嘲笑。若我们将目光转向往后时代的作家，我们会在亚历山大时代的文学作品中发现同样的例子。牺牲真相和现实是新智者学派改不掉的恶习（该学派在公元前二世纪扮演着举足轻重的角色）。但在亚历山大时代前，这种恶习都很罕见。上文给出的直率的例子，大多数来自古希腊相对晚期的作家，比如修昔底德、亚里士多德、色诺芬、索福克洛斯和欧里庇得斯。
再往后追寻也是一样。忒俄克里托斯、波力比阿斯（Polybius）、讽刺诗 95
人、琉善都与荷马和阿尔克曼一样“直率”且真实。这点足以表明，直率不只是在古希腊文化早期短暂发展。

古希腊人之所以能坚持直率，部分原因是他们经历了一场“幸运的”意外。正当浪漫主义和多愁善感准备控制他们时，一场严苛的科学

1 《酒神的伴侣》，726—7：意思是“野兽和群山与他们一同狂欢”（“συνεβάκχενε”在这里指“环绕着酒神的名字”，这本不是该词的字面意义，但作者把它当这个意思用了，c. 15）；比较埃斯库罗斯，fr. 58 无边无际汹涌的激情（ἐνθουσιᾷ δὴ δῶμα，βακχεύει στέγη）。值得注意的是，两个例子都和酒神崇拜有关。

与哲学思想运动率先席卷而来。辩证法、逻辑、伦理学、自然科学都在公元前五世纪产生发展，在这种环境下，幻想和虚伪无处求生。逻辑会敲打它们，听听它们是否发出真实的声音。辩证法则会将它们上抛下扔，看看它们是否环环相扣。而科学会坚持探究它们是否符合事实。因此，就算欧里庇得斯和后人尝试踏入纯粹幻想的领地，也总有东西制约他们。他们必须学会思考，学会批评，学会相信大脑，学会使用理智取代想象，学会脚踏实地，哪怕已经身在高处。这种环境可以代替原始时代的简单头脑，有效地捍卫直率。[1] 在哲学领域保持直率很困难，人必须面对未知和无限，但在处理哲学问题时，古希腊人依然偏好看得见摸得着的东西。他们尽可能用现实中的事物去对照抽象概念。将亚里士多德的道德哲学和 T・H・格林（T. H. Green）的哲学进行对比，区别显而易见。从前者中你可以感受到一种古老力量，这种力量让作品保持清晰可读，它代代相传，哪怕在堕落的时代，哪怕在形而上学的作家手里，也依然能发挥作用。

96 我们已经花了大量篇幅定义直率，但读者可能会抱怨，尽管本书提供了大段论述和比喻，并向他定义了直率的反面，他依然不知道该如何明确定义直率。对于这种读者，我们可以这样回应：向他抛出各种论述和比喻，告诉他直率就是脚踏实地、远离神秘主义、保持具体和确定；就是对事物的特质做出“缺乏想象力”的描述、看见事物赤裸的模样，并着眼于此；就是避免多愁善感，避免各种形式的文学性虚假；最后，还要以简单、天真、孩童般的视角展望生活。

这便是歌德所说古希腊真实性的第二种配料。有了它，古希腊人得以

> 承受所有赤裸的真相，
> 冷静地直视事情：[2]

1 如果现代象征主义作家能接受严苛的逻辑和科学训练，世界将有多大不同啊！

2 济慈，《海伯利安》（Hyperion），bk. 2。

正因有了它，我们得以在古希腊文学中看见生活最直接的映像，那映像不会被任何混淆视听的媒介曲解。这有点像今天，旅行者远航时，有时会从沉底的石棺上方驶过，在他下方深处，石棺上雕刻的图案在透明的水底清晰可见，不被扭曲。

有些人认为，在这世界上，直率并不少见。他们坚决否认这种品质值得我们称赞。他们争论道，直率随处可见，在这方面我们已经超越了古希腊人。可我们在极大充实自己的生活和诗歌时，肯定不如古希腊人那样精准地坚持真实，因为古希腊人由于过于严苛，已经葬送了自己的生活和诗歌。幻想和华丽词藻纠缠，试图冒充真实；沉溺在幻想世界；在诗歌中体现泛神论精神，对自然做出多情的解读——这些都不属于古 97
希腊世界，会轻易被直率的火焰烧毁。

毫无疑问，古希腊人生活在一束照亮万物的光线之下，但这束光也造就了古希腊文学冷酷无情的一面。从古希腊文学中我们找不到英语文学的丰富性，也找不到对光明和黑暗表达的多样性。古希腊人从没学会像象征主义作家那样，厘清徘徊在意识边缘的微妙情感。久而久之，他们的“清楚”令我们厌烦，就像我们迟早厌烦瑞士晴朗的天气和亮丽的色彩，转而渴望暗淡的边界和模糊的距离。而且，批评家可能会争论道，古希腊对情绪和感情用事充满敌意。古希腊文化欠缺很多种思想和情感。几乎没有哪首描写失败的古希腊诗歌，会在描写人性弱点和外界灾祸时，对两者进行美化，几乎让我们相信弱点是一种美德，而灾祸是一场喜事。这种手法或许可以在莎士比亚的《理查二世》（Richard II）和马洛的《爱德华二世》（Edward II）里找到；它也是詹姆斯党（Jacobitism）所作诗歌和散文的生命源泉和灵魂所在；勃朗宁随意把玩它；[1] 它还激励了诸多现代小众诗歌诞生，最闻名的包括爱尔兰学院派诗歌，还有弗朗西斯·汤普森（Francis Thompson）的作品。古希

1　例子有《福格勒神父》（Abt Vogler），还有他对高人“将目标定在百万，却错失了一”的赞叹。

腊人不会用这种手法。他们不会崇拜并赞扬失败，也不会伪装它，他们看待它的目光更为直率，因而既不赞扬也不伪装。凭借对悲剧的无限感知，古希腊文学迈着辉煌的步伐前进，无情地经过将死之人，任凭伤者东倒西歪，对送葬者也没有一句安慰。赫克托耳死了，荷马只是简单地说“他的灵魂从他的躯体向前飞去，进入冥府，哀悼她的命运，留下年轻活力的她”；[1] 然后继续描述他被阿喀琉斯摧残的尸体、他妻子无助的眼泪。特洛伊被烧毁了，男人被杀害，阿斯提阿那克斯（Astyanax）的母亲亲眼看着儿子被扔下城墙。即便如此，等到戏剧结束，所有人沦为
98 奴隶，特洛伊妇女们只是说：“哎呀，我不幸的特洛伊城啊！你总还得搬动你的腿脚，走上阿开奥斯人的船呀！（张竹明译）[2]” [3]

这种宣言如命运般冷酷无情、无可避免，我们写下的句子则截然不同。

εἰ μὲν γὰρ πόλεμον περὶ τόνδε φυγόντε
αἰεὶ δὴ μέλλοιμεν ἀγήρω τ' ἀθανάτω τε
ἔσσεσθαι.[4]

如果我们能长生不老，如果世界上没有疾病或失败，那么我们或许能活在一片灿烂白光里，就像奥林匹斯众神和古希腊人那样。但即便如此，让我们将兴高采烈、兴致勃勃的时光献给古希腊，把低落失望的时光留给多情的现代世界，在那里，无可挽回的败北在想象中重来，疾病、蠢行和罪恶再次出现，并造成一定影响，失败披上了胜利的外衣，死亡则蜕变成某种复杂而奇怪的东西。

如果我们要反对古希腊文化，这将是我们的几句抗辩。这是五彩对

1 《伊利亚特》，22. 361—3。
2 译文引自《古希腊悲剧喜剧全集（5）》（译林出版社，2005 年出版）——译者注
3 欧里庇得斯，《特洛伊妇女》，1331—2。
4 《伊利亚特》，12. 322—4。“如果我们注定逃离这场战争，便可长生不死，永葆青春。”

白光的抗辩。这场抗辩容易开始，却难以决出胜负。因为缺少中立的裁判，我们将采用一种受诗坛推崇的方法来解决这场争端。我们会弄清楚古希腊式直率能带来什么好处，又将带来什么损失；然后，正如狄奥 99
尼索斯曾对比埃斯库罗斯和欧里庇得斯的悲剧，我们也要衡量我们的得失。

假如我们接受直率。首先，我们会失去上文提到的描写失败的诗歌，还会失去很多小众诗歌。其次，我们会失去所有诗人因热爱修辞写下的诗歌。修辞总是诱惑人们闭眼不问真相，转而“夸夸其谈”，不管真相如何，只顾使用好听悦耳的措辞；只顾说出听上去惊艳、生动、感伤或宏大的话；只顾看见自己希望事物成为的样子、公众希望事物成为的样子，就是看不见事物本身的样子。我们还会失去大量的拉丁诗歌。古罗马人对修辞满怀激情，总是说好听的话，而不是真话。他们的文学充满着不真实的情感、虚假的观点、带修辞色彩的谎言。[1] 下面选自卢坎（Lucan）的作品：

Vvicturosque dei celant，ut vivere durent，felix esse mori.[2]

毫无疑问，就事实本身来看，神绝不会做出那样的事；在正常情况
下，死亡也不应该有任何快乐的成分。这里流露出的情感冷漠得太不真 100
实，虽修辞上极具渲染力，可听起来却如此不食人间烟火，即使是卢坎同时代的人读来，也多半颇有同感。奥维德甚至比卢坎更不现实，尽管他是另一种形式的不现实。下面是奥维德拟作的黛多（Dido）写给伊尼阿斯（Aeneas）的信：

1 以下文段来自德·昆西（De Quincey）关于修辞的随笔，这篇文章提出了一个有趣的观点，尽管有人可能不赞同。“古希腊拥有众多伟大的演说家，却未曾展现出一丝修辞的微光……伊索克拉底（Isocrates）可能有些接近，但他……既不是举足轻重的演说家，也不是重要的修辞学家。”德·昆西将古希腊人这种品质归结于他们“对现实的强烈兴趣”。如果这点可以应用在德摩斯梯尼和吕西亚斯身上，还能应用在多少古希腊诗人和思想家身上啊！

2 琉善，4. 519。“神向活人隐瞒了死亡的快乐，以让他们继续活下去。”

特洛伊的利刃在我双膝上，
看我执笔作书，落于出鞘的，
刀锋上的是我从两腮上，
簌簌而下的泪珠，
泪尽时必以鲜血来填补。
在我的命定时刻，有你给我的
多么难得的珍贵礼物。
花几文小钱你买到我的尸骨，
其实我的心并非初次受此刀伤，
它早已深尝了爱情的残酷。（南星译）

她还用一段恰如其分的悼词来结尾。

她的死因出于伊尼阿斯，
那利刃也来自此人无疑。
若问谁给了她致命的一击，
不是别人正是黛多她自己。[1]（南星译）[2]

这些文字或能展现作者的聪明才智、对浮夸苦情的天分，但它并不真实。一位心碎的妇人绝不可能写出这些文字，无论她生活在古代还是现代。而奥维德将作品安在她头上，违背了生活的真实性。因此，如果我们只想通过文学娱乐自己，为生活增添色彩，只求文学展现机智思维、奇思妙想和艺术性，这种诗歌将十分具有吸引力。但它无法满足更深层次的需求。它无法成为人文及其发展的相关研究的重要文件，无法激励、鼓舞或安慰人心，因为它不够真诚，无法穿透人心。

---

1 *Heroides*，vii. II. 184—190，195—196.
2 译文引自《女杰书简》(生活·读书·新知三联书店，1992 年出版)。——译者注。

我们将失去这首诗，随之而去的还有大量拉丁文学作品，它们因不 101
真实而受到谴责，努力靠吸引我们的感性和审美，让我们对其大加赞赏，以躲过我们理性的诘问。古罗马人亲切地将田园领进文学，将史诗领进文学，将虚伪的教诲诗领进文学。他们陶醉于另一个民族未经整理的神话。他们模仿别人，吸收二手知识，不追求对生活的直接体验，而满足于将他人的情感和思想翻译成自己的语言。大多数时候，他们的手指并没有摸上生活的脉搏。维吉尔的《牧歌》（Pastorals）和《农事诗》（Georgics）很有魅力。但他的牧羊人是假人，手下没有一只羊，他的作品里也不曾有一丝真实。在拉丁诗人中，只有卢克莱修（Lucretius）能向我们展现人类与大地艰苦抗争的真实图景。如果说维吉尔有部分作品不符合要求，奥维德则几乎没有作品能入选。在流露原始欲望时，他无疑是真诚的。但总体而言，他花费太多时间利用神话人物抒发己见，所写的故事无法令他或任何人信服。

最后，我们将损失一批较近时代的作品，因为它们无法做到完全真诚。我们将失去大量十八世纪的诗歌，它们为写出辛辣警句、顾及传统措辞而牺牲了真相；大量现代诗歌为表达泛滥的情感也牺牲了真相。引用一句著名的评价，《国王叙事诗》（Idylls of the King）的很大一部分、许多像《伊诺克·雅顿》（Enoch Arden）那样的诗，它们更多是**空洞无物**，而不是简单纯粹。很多雪莱的作品也会消失。我们得以保留《希腊》（Hellas）里最后一首合唱，但《阿童尼》（Adonais）里某些最精巧的诗节也将不复存在。我们再也读不到“伟大的母亲”、“辉煌的梦”、“朦胧的幻影”这种措辞[1]。这些浪漫主义的幽灵到了“坦率”的阳光下，
只能灰飞烟灭。我们该以什么作为榜样？不是安提戈（Antigone）盼望 102
死亡时那种简单真实的文字：

ὦ τύμβς，ὦ νυμφεῖον，ὦ κατασκάφὴς
οἴκίφρουρος，οἶ πορεύομάι

1 “伟大的母亲”、“辉煌的梦”、“朦胧的幻影”皆出自《阿童尼》。——译者注。

πρὸς τοὺς ἐμαυτῆς, ὧν ἀριθμὸν ἐν νεκροῖς
πλεῖστον δέδεκται Φερσέφασσ' ὀλωλότων`
ἐλθοῦσα μέντοι κάρτ' ἐν ἐλπίσιν τρέφω
ἐλθοῦσα μέδεκται Φερσέφασσ' ὀλωλότων'
ἐλθοῦσα μέντοι κάρτ' ἐν ἐλπίσιν τρέφω
φίλη μὲν ἥξειν πατρί, προσφιλὴς δὲ σοί,
μῆτερ, φίλη δὲ σοί, κασίγνητον κάρα.[1]

也不是《阿童尼》的前言。这篇文字带有古希腊式真挚，若将它节选出来，和《阿童尼》的诗歌片段放在一起，两者区别将不言自明。

“1821 年，约翰・济慈因肺痨病逝于罗马，享年 24 岁。他被埋葬在罗马新教徒的公墓，那片墓地孤独而具有浪漫气息，位于安葬塞斯提乌斯（Cestius）的金字塔下，四周还有巨大的石墙和高塔，如今已成颓垣败瓦，无人问津。那曾经是古罗马的外围城墙。公墓是一片开放的空地，位于废墟之中，冬日会被紫罗兰和雏菊覆盖……

“可怜的济慈，他在生命的终章遭遇了什么，直到这首《挽歌》（Elegy）准备面世，我才有所得知。我了解到《恩底弥翁》招致了许多批评，对他敏感的心灵造成了伤害，而付出得不到回报的苦涩想法，更加剧了这种伤害。这可怜的人似乎一生都在遭人呵斥，那些浪费他才华的人斥责他，那些享受他大笔财富、得到他悉心关怀

1 Soph. *Ant.* 891—4，897—9. 选自怀特洛（Whitelaw）先生的英译本：
哦，坟墓啊！哦，洞房啊！哦，深埋在泥土之下
被永恒把守的房子啊！我来到你面前
我诸多亲人都在里面，他们很多人与珀尔塞弗涅（Persephone）
在一起，是亡灵中的亡灵。
但我怀抱希望，愿来到这里
能受到父爱的迎接，是的，还有你
我的母亲——还有你也会欢迎我，亲爱的兄弟。

的人也斥责他。

这是对济慈崇高的致敬，怎么也不会比下面这个华丽花哨的诗节差：

伟大的母亲呵，那时你在哪里， 103
当你的儿子倒下，为暗中飞来的箭，
所射穿？呵，当阿童尼逝去的时候，
可怜的乌剌尼亚又在哪儿？她正闭眼，
坐在天国里，而在回音的缭绕中，
她听到有个回音以轻柔的颤栗，
重新唤起了一切消逝的乐音；
他正是以此美化死亡底侵袭，
有如坟头的花掩盖下面的尸体。（查良铮译）[1]

我们将失去这种模式下写就的所有诗篇，因为以真实性的标准衡量，它们只是“永远的笑柄”。我们还可以继续列举下去，若读者想知道我们还会损失哪种性质的诗，只需参考本书第九十页至九十二页就能猜到。

随着我们一步步深入，这份损失名单的分量越来越重。许多人可以放弃奥维德或卢坎，但在舍弃《阿童尼》时犹豫了。但如果他们真的认真学习古希腊文化，他们会发现牺牲远不止此。对未知的热爱、对心头情感的屈服，这两点在古希腊诗歌里十分罕见，却是现代诗歌的常客。古希腊人不会沉溺于天马行空的想象，任凭想象迷失在“高处”（O altitudo），或思考世界的古怪之处，在那个世界，人类抱着好奇而谦卑的态度，漫步于神秘事件和谜团之间。无可否认，有些作家是例外，比如柏拉图，我们必须特别关注他；埃斯库罗斯也可以算上，他的剧本里

1　译文引自《雪莱抒情诗选》（人民文学出版社，1999 年出版）。——译者注

出现过这样的句子：

巨大的身影悄然略过，
堆积起将至末日那模糊的轮廓。

尽管《俄狄浦斯在柯罗诺斯》(Oedipus Coloneus)里有相似的情感
踪迹，《酒神的伴侣》或许也有相似之处，但除了柏拉图及其后人的作
104 品，我们很难（如果可能）真正从古希腊文学里找到例子，去和帕斯
卡尔的“这些无限空间的永恒沉默使我恐惧（何兆武译）[1]”(le silence
éternel de ces espaces infinis m'effraie)[2]或和沃恩（Vaughan）的下列诗句
对应：

我的心灵可以长时间全神贯注，
停留在金光闪闪的云彩或花朵上，
从那微光中可以窥见，
永恒的影子。

或和华兹华斯那毫无节制的表达对应：

一种幸福的心情，
忽然间人世的神秘感，
整个无法理解的世界的，
沉重疲惫感的压力，
减轻了；一种恬静和幸福的心情，
听从温情引导我们前进，
直到我们的血液也暂停流动，

1 译文引自《思想录》(商务印书馆，1985年出版)。——译者注。
2 《思想录》，206。

我们的身体入睡了，
我们变成一个活的灵魂，
这时候我们的眼睛变得冷静，由于和谐的力量，
也由于欢乐的深入的力量，
我们看得清事物的内在生命。[1]（王佐良译）[2]

毫无疑问，这种情感不是古希腊文学主流。古希腊人也会对世界发出惊叹，但程度较轻。“世界上有很多怪事，但没有什么比人更奇怪了。”索福克勒斯这样说道；没错，但继续读下去，我们会发现人之所以奇怪，是因为人会出海远航、开垦荒地、建造城邦并自封为王。这些确实也可以作为惊叹的对象，但和帕斯卡尔被“无限空间的永恒沉默”
惊吓，受到的强烈震撼比起来，两者有很大不同。正是这种不同划分了 105
古代和现代。[3]

是否将所有古希腊文学纳入考量，这点在我们衡量古希腊人惊叹情绪程度的时候，会对衡量结果产生很大影响。很多人会感觉，总体而言，古希腊人对世界的惊叹太少了，而且，套用卡莱尔（Carlyle）的名言说，他们对天国（Zion）太没有敬畏之心，任何人都没有权利那样

1　值得注意的是，在接下来的诗行里，华兹华斯一反前态，变得更为“直率”，更像一个古希腊人在看待事物：

　　　　也许这只是
一种错觉，可是啊，多少次
在黑暗中，在各色各样无聊的白天里……
在精神上我转向你，啊，树影婆娑的怀河！（王佐良译）

上述诗行引自《丁登寺旁》（Tintern Abbey）

2　王佐良《丁登寺旁》的译文均引自《英国诗选》（上海译文出版社，2012 年出版）。——译者注。

3　古希腊文化的这种特质也体现在早期的希腊音乐里（音乐是最适合承载隐喻的艺术），并导致人格（personality）这一最神秘的概念很晚才出现。据我所知，这个概念最早可以在亚里士多德的作品里找到隐秘踪迹。

做。他们将世界看得太简单，世界原本复杂得多。他们原以为天堂固若金汤，但从他们出生起，天堂的大门就已摇摇欲坠，展露出门外无尽的深渊。精神世界也出现了类似的延伸，基督教打破了古人的限制，将信仰扩展为无限可能。

但是，让我们转向古希腊式直率带给我们的好处。有了直率，我们首先会对美更为敏感，对随处可见的日常事物也更感兴趣。我们大多数人对生活熟视无睹，我们漫步于牛津（Oxford），目光不被任何东西吸引，头脑唯独不思考沿途美景。活着不过是一场漫长的梦游，鲜有清醒的时刻。哪怕我们睁开双眼，眼里要么只有枯燥的琐事，要么只有艰深的话题，完全看不见脚下平凡的事物。我们的诗人也好不到哪里去：他们飞离地表，将我们带往理想世界。莎士比亚不断聆听“人生的低柔而忧郁的乐声（王佐良译）[1]”，米尔顿只看见“门口布满脸面恐怖、带有
106 火武器的队伍（朱维之译）[2]”，雪莱活在“隐约可见的无限空间（王佐良译）[3]”。

雪莱努力用二十一个诗节让我相信他笔下的云雀是“欢乐的精灵（江枫译）”（其实我知道并不是），萨福和西蒙尼戴斯只用一句话[4]就让夜莺栩栩如生，他们带给我的快乐，比雪莱“不具形体的喜悦（江枫译）[5]”带给我的欢乐多得多。古希腊人睁大双眼度过一生，不错过“生活应有的”（ὁ κατ' ἦμαρ βίοτος）。我回忆自己认识的抒情诗人，发现每一位都是如此。他们脚踏实地的，世界的景象和声音因此呈现在他们眼前。他们看到的东西和雪莱不同，他们看见少女因思念爱人而无心纺

1 “人生的低柔而忧郁的乐声”来自华兹华斯的《丁登寺旁》。——译者注。

2 “门口布满脸面恐怖、带有火武器的队伍”来自米尔顿的《失乐园》。——译者注。

3 “隐约可见的无限空间”来自雪莱的《解放了的普罗米修斯》（Prometheus Unbound）。——译者注。

4 Sapph. fr. 39 Ἦρος ἄγγελος，ἰμερόφωνος ἀήδων，“春天的信使，嗓音甜美的夜莺。”Simon. fr. 73 ἀηδόνες πολυκώτιλοι χλωραύχενες εἰαριναί，“夜莺伸长它橄榄色的脖颈高声鸣叫，春日之鸟。”

5 “欢乐的精灵”、“不具形体的喜悦”来自雪莱《致云雀》（To a Skylark）。——译者注。

织，[1] 看见牧羊人在山上放牧时踏过一片风信子，[2] 看见电闪雷鸣的夜晚，
男人们在柴火旁喝酒，[3] 看见随处可寻的家禽。[4] 他们记录幼稚而实在的 107
消遣方式，[5] 充满赞赏地描述夜晚篝火旁的寻欢作乐。

只有在风暴频袭的冬季，饱餐一顿躺在软沙发上，身旁是炉火，手上是一杯蜂蜜酒，坚果和豆子放在触手可及的地方时，人才会写下这样的句子：

“你是谁？你在哪里出生？你要前往哪个国家？

---

1 萨福 . fr. 90：

Γλύκεια μᾶτερ，οὔτοι δύναμαι κρέχην τὸν ἴστον
πόθῳ δαμεῖσα παίδος βραδίναν δί Ἀφρόδιταν.

“敬爱的母亲，我无心再纺衣织布；受美丽的阿佛洛狄特影响，我全身心想着那个男孩。”

2 Sapph. fr. 94：

Οἷαν τὰν ὐάκινθον ἐν οὔρες ποίμενές ἄνδρες
πόσσι κατασείβοισι，χάμαι δέ τε πόρφυρον ἄνθος...

“但在地上，盛开着紫色的花。”

3 Alcaeus，fr. 34：

Ὕέι μὲν ὀ Ζεύς，ἐκ δ' ὀράνω μέγας
χείμων，πεπάγαιν δ' ὐδάτων ῥόαι.
……
κάββαλλε τὸν χείμων'，ἐπὶ μὲν τίθεις
πῦρ，ἐν δὲ κίρναις οἶνον ἀφειδέως
μελιχρον，αὐτὰρ ἀμφὶ κόρσα
　　μάλθακον ἀμφιτίθεις γνόφαλλον.

“宙斯派来了雨，天空降下巨大风暴，洪水被冻结。冬日外出！将柴火堆高，慷慨地分享蜜酒，围上暖和的头巾。”

4 Simonides，fr. 81 ἁμερόφων' ἀλέκτωρ，“哦，破晓时啼鸣的公鸡。”

5 Anacreon，fr. 17：

Ἠρίστησα μὲν ἰτρίου
　λεπτοῦ μικρὸν ἀποκλάς，
οἴνου δ' ἐξέπιον κάδον，
　νῦν δ' ἁβρῶς ἐρόεσσαν
φάλλω πηκτίδα τῇ φίλῃ
　κωμάζων παῖδὶ ἁβρῇ.

“我切下一小块蛋糕当早餐，我喝下一壶红酒，现在我向心爱的女孩深情弹奏我精美的竖琴。”

波斯人入侵时你多少岁？”[1]

从简单事物中获得快乐，这是古希腊人一贯的标志。他们知道人要想获得欧里庇得斯口中的“得享一夜酣眠”（κατὰ φάος νύκτας τε φίλας εὐαίωνα διαζῆν），秘密就在于此。这是古希腊人给我们上的第一堂课。

其次，“直率”看待生活的方方面面，还有助于我们远离骗子和虚情假意。可能开始有些艰难，我们沉迷于“模糊狂热的肉体感知，恍惚如梦的忧愁，容易陷入幻想，极易感怀伤人”，[2] 甚至不愿花时间问问自
108 己，这些情感是否过分夸张。我们就像吸了鸦片的人，任由自己受华丽幻象的蛊惑，或舒舒服服地睡去。若一位诗人的作品看起来生动，读起来悦耳，若它能吸引我们的眼球，让我们的耳朵怀孕，我们就绝不过问他所言是否属实。

世界上有两种文学，恰好在这方面走向了两个极端，如果我们不想受它们控制，就必须加以回避。这两种文学最后的走向截然不同，因为它们从起点就有所差别，但它们都坚持不懈地探究事物原本的样子。其中一个是古希腊文学，另一个是《新约全书》。把它们摆在一起或许有些奇怪，但只要你了解圣保罗对婚姻的教诲，或在圣公会婚礼上听过婚礼祝词前言（如今人们甚至会让前言占用部分悦耳赞歌的时间），就不会觉得难以理解了。读一读这些教诲和前言，你会发现圣保罗和教会在以古希腊式的直率看待婚姻。在早期基督教徒和古希腊人眼里，生活都是现实的，他们不会陷入感伤和虚情假意。西德尼田园诗里华丽的幻想、十七世纪轻佻的新婚诵诗、屈莱顿和蒲柏油腔滑调的挽歌、英国小众诗人的忧郁情绪，这些都不属于古希腊人。古希腊人满足于现世，只要他能正当享受生活，也不会惧怕死亡，只要他能对它有所了解。

---

1 Xenophanes，ap. Athenaeum，54：

Πὰρ πυρὶ χρὴ τοιαῦτα λέγειν χειμῶνος ἐν ὥρῃ
ἐν κλίνῃ καλακῇ κατακείμενον，ἔμπλεον ὄντα，
πίνοντα γλυκὺν οἶνον，ὑποτρώγοντ' ἐρεβίνθους.
“τίς πόθεν εἶς ἀνδρῶν，πόσα τοι ἔτη ἐστὶ φέριστε，
πηίκος ἦσθ' ὅθ' ὁ Μῆδος ἀφίκετο.

2 Ruskin，Modern Painters，iv 13. § 14.

注　释

这里需要注意古希腊文学里的一个特例，这个特例真实存在，显然不符合直率的原则。恩培多克勒（Empedocles）认为宇宙进程受“爱”与“冲突”推动，这种观点够直率吗？毕达哥拉斯“万物皆数”的观点呢？柏拉图在《裴德罗篇》和《会饮篇》里提出的对爱的看法呢？ 109

首先要记住，在恩培多克勒的例子里，事实上所有早期自然哲学家都是如此，当思想家试图将世界拆解成基本元素，探究埋藏在表面下的秘密，他绝对（ipso facto）无法停留在可触摸的实体层面，也无法研究事物“真切存在”的特质。而且，正如伯内特（Burnet）教授在《古希腊哲学》（Early Greek Philosophy）里指出的那样，科学注定要在一系列假设中前进，尽管这些假设听上去荒诞不经，而且很多并不正确。[1] 最重要的是，**虚假**才是直率真正的敌人。早期自然哲学家的观点里有很多**错误**，但他们的观点并不**虚假**。或许这是因为古希腊自然科学家执着于理性，不像现代符号学家那样崇尚情绪化。至于柏拉图，他确实是一个特例，这点我们会在第七章里详细论述。柏拉图看待爱时，确实会将它高度神秘化，其思维方式十分现代。在这里我们将他视作古希腊的特例，或至少是古希腊智慧的特例。首先，在柏拉图之前，这种对爱的看法无处可寻，（据我所知）即使在古希腊悲剧里也没有；其次，尽管在《会饮篇》里，色诺芬将这种神秘主义观点归结于苏格拉底，但他在《经济论》（Oeconomicus）里描写普通人的婚姻生活时，却没有展现这种神秘主义的迹象。而且值得注意的是，色诺芬描写的，会饮上的其他客人也对神秘主义不感兴趣。[2] 如果百分之九十的古希腊文学对爱持一种观点，剩下百分之十持另一种观点（这还是高估了神秘主义在古希腊的盛行程度），我们有足够理由宣称前一种观点才能代表古希腊。

1　前引书，pp. 29，32。

2　色诺芬，《会饮篇》，9。

第四章　对人文主义的注释

110 现在我们面临新的问题。古希腊人努力看见事物本身的样子。没错，但他是怎么做到的？他相信事实。没错，但事实又是什么？世界上很少有确切不变的事实，而且了解这些事实和定律，并不能帮助我们解决实际问题。因为重要的不是事实，而是事实背后的意义。出生——可能是华兹华斯认为的样子，也可能是生理学家通过生理学知识了解的样子，也可能是 H·G·威尔斯（H. G. Wells）认为的样子，也可能是为人之母认为的样子；死亡——不过是细胞的消亡，也可能是人间欢愉与痛苦的终结，也可能是通往新世界、通向更多欢愉与痛苦的大门；婚姻——是两只动物短暂的结合，也可能是永不断开的神秘伴侣关系。我们阐述了上述几个名词的一些“事实”，但这些名词有更丰富的内涵。重要的不是事实，而是如何解读。于是问题来了：古希腊人如何解读世界？他们和我们一样，对世界的“事实”有一定了解（尽管现代世界有了不少科学发现，但在生命的意义这个谜团上，现代人掌握的**确切**线索不比埃斯库罗斯或修昔底德多）。那么他们如何解读这些事实？

古希腊人解读世界的方法和唯物主义者不同，他们看见优美景色时，不会只把它当作土地植被特殊的排列组合，看见人类时，不会只把
111 他当作原子特定的集合。古希腊人也不会从灵异的角度解读世界，他们

不相信现实中有看不见的东西（比如上帝、精神世界、来生），也不相信他们死后将要去的地方与现实世界有什么不同。他不相信头顶的天空暗藏无限可能，也不相信四周的人类同胞身上有无限可能。有些人相信世界由原子构成，有些人相信是灵魂，古希腊人则认定是“人”；是人经历一系列自然生长过程，展现自身特定属性；是人从幼年长为成年，再步入老年，期间存在的中心是家和城邦，经历的大事件包括出生、结婚、死亡，遭受的磨难主要有疾病、贫困和被流放，收获的喜事主要有健康、财富、成功、贵族身份、炽热爱情和友谊。古希腊人带着这样的认知，加上自身的直觉、冲动和才能，以及对不可见事物的不屑，不断思考事物到底指向何方，思考人类最表面、最显而易见的特征是什么，并以上述问题的答案为基础，构建了自己的生活哲学。在这里，我们得以为古希腊智慧提供第四点注释：以人的视角看待生活。我们可以叫它人文主义（Humanism），或者用普罗泰戈拉的一句名言总结：ἄνθρωπος μέτρον πάντων——人是万物的尺度。

毫无疑问，古希腊人有宗教信仰。这点体现在希罗多德和色诺芬诸多的作品里，我们从中可以看出神如何扎根于古希腊人思想深处，就连圣保罗也会说他们“迷信”（δεισιδαιμονέστερος）。但古希腊人的宗教十分“似人”。没错，古希腊人承认不可见事物存在的可能性，但为了使它们的存在尽量不那么棘手，他会将它们实体化；古希腊人承认神的存
在，但将神塑造成人类的模样，让神拥有人类的激情。神和人唯一的区 112
别只在前者可以永生，而且力量更强大。正如品达坦言：“世界上有人族，也有神族，但我们都来自大地母亲，呼吸同一片空气。然而我们的能力不可同日而语，人族的力量为零，上天的神力则长存。”[1] 古希腊人对待神的方式，就是将人性赋予神。

古希腊人将这种激情扩展到万物。他盯上了古老的神兽，神兽本是早期野蛮文明遗留的产物，却被古希腊人一并赋予了人的形象。老鹰、渡鸦、毒蛇和狼本是神现身时的本体：在古希腊人手中，飞禽走兽

1　*Nem.* vi. 1 f.（tr. Myers）.

成了神的随从或象征。赫拉和雅典娜以女性的形象出现，而不是最初传说中的模样——一个拥有奶牛的温柔的目光（βοῶπις），另一个拥有猫头鹰的锐利的灰色眼睛（γλαυκῶπις）。这点再次证明，古希腊人不仅会将非生命体拟人化，还会赋予它们人的形象。古希腊人看见河流，就会想到河神，看见太阳和月亮，就会想到太阳神和月神。那伊阿德斯（Naiads）住在泉水里，让泉水永保清澈；德律阿德斯（Dryads）是树神，会随着树木倒下而死去。牧羊人在山坡上赶羊时，有时会感到一阵莫名的惊悸；那是潘（Pan）从岩石堆里偷瞄他们。一位姑娘被吹下悬崖；那是风神将她掳去做玩伴了。这些都是古希腊人创作的传说，他让世间万物都变成了人的模样。

古希腊人怎么对待神和自然，也就怎么对待日常生活。他将人性赋予生活。有些思想家（圣保罗、帕斯卡尔或拜伦这类人）看见了人的两
113 面性——神性和兽性；他们发现两者无法和平共处，并苦恼于两者无休止的争端——

> 一半来自尘世，一半来自天国，无法协调
> 要么沉沦，要么高飞……[1]

古希腊人意识不到这种矛盾；他只从人身上看见一个“本性和行动都灿烂辉煌”的整体，在他心中，人性和神性、身体和心灵并非泾渭分明。圣保罗和帕斯卡尔则被困在神人二元论中，跪倒在上帝的恩典之下。“要使人成为圣者，就一定得有神恩；谁要是对此怀疑，就不懂得什么是圣者、什么是人（何兆武译）[2]。”（Pour faire d’un homme un saint il faut bien que ce soit la grace; et qui en doute ne sait ce que c’est que saint et qu’homme.）[3] 古希腊人不觉得这有什么困难的，也不需要解决方法。在他看来，人只要努力工作就能实现一切可能。品达说：“年轻人的焦

1 *Manfred*，1. 2.
2 译文引自《思想录》（商务印书馆，1985 年出版）。——译者注。
3 帕斯卡尔，《思想录》，508。

虑思想与辛苦劳作结合，就能取得闻名的成绩。”[1] 你没办法向希腊人解释“神恩”是什么；如果那人碰巧是俄耳普斯教徒，或许还能稍微明白你的意思；但古典时期的希腊人绝对无法理解这个词。圣保罗和帕斯卡尔认为邪恶，或者说卑鄙的罪行（infectum scelus），将永存于世，隐藏在肉身之下，最终从肉身挣脱出来后，还将步入来世。古希腊人相信生命有可能（而且有时确实）会走向终结。古希腊人对冥界知之甚少，更不会美化冥界来安慰生者。荷马描绘过冥府的水仙平原（asphodel meadows），在那里，逝者的鬼魂面无血色，郁郁寡欢地从面前飘过；在那里，阿喀琉斯会说自己宁愿在小农场做个苦力，也不愿意在死者中
称王。至于古希腊文学里常见的“来世”概念，则更加模糊不清。下面 114
几个观点出自不同世纪，在各自时代里十分典型。“人死了，他的荣光也就此消逝。”他已经“尘归尘，土归土。一切归零。”他再也“无力使血管里的血液流动。”“冥界是什么样子？”某位死者的墓碑上刻着这样一个问题。回答是“深邃的黑暗”。最好是这样，玛卡里亚（Macaria）心想。这个雅典女孩为保护赫拉克勒斯逃亡的子女牺牲了自己。“我祈祷地下空无一物，如果我们凡人死后，还要在那里受苦受罪，我不知道该怎么办了；死亡本应是包治不幸的灵丹妙药。”[2] 谈到来世时，古希腊人最多只能给出令人生厌的模糊说辞。

如果人死后有来世，
而这来世比活着更可贵；
黑暗之手无法挣脱，
脚下和头顶都是迷雾。
于是我们渴望着生命，为了，
这无名而闪闪发亮之物，不肯离开大地。

1 fr. 207（Bergk）.

2 以上文字分别来自荷马，《奥德赛》，11. 488f.；Stesichorus，fr. 52；欧里庇得斯，fr. 536；埃斯库罗斯，fr. 226；*Anth. Pal*. 7. 524；欧里庇得斯，*Heracl*. 592 ff.。我举的例子则来自 Rohde，*Psyche*，2. 198—263。

因为来世是一汪未知的清泉，
地下世界的模样无人知晓，
我们渐渐飘向传说中的地方。[1]

μύθοις ἄλλως φερόμεσθα：“我们渐渐飘向传说中的地方”。古希腊文学通常十分具体，能准确指出事物的色泽形状，唯独在这里变得模糊而不确切。除了两位伟大作家的作品[2]，古希腊文学不曾描述任何像新耶路撒冷（New Jerusalem）那样由天国降下，却肉眼可见，可被定位、测量、命名并描述的地方，也不曾崇拜大量死而复生的灵魂。古希腊文
115 学的新耶路撒冷在尘世，理想形态就是人间天堂。古希腊人只要身体健康，远离贫穷和极端痛苦，在家乡的小城邦里声名显赫，身后有孩子继承姓氏，就会觉得自己和世界互不亏欠了。哲学家可能还会要求更多，比如渴望自由以发展智力，解放道德天性。[3] 但无论是哲学家还是普通人，都不会在乎自己和神、神之恩典或来世的关系。请看古希腊人对幸福的三种定义，观察他们如何自圆其说。第一种定义来自品达：“世界上有两件事，有了它们，加上适当的财富，就能使生命之花绽放到极致——成功，以及成功带来的名声。不要妄想成为神：如果你有幸拥有上述事物，你的人生就已经圆满了。凡间之物才最适合凡人。”[4] 第二种定义来自梭伦，希罗多德也赞成：“如果一个人四肢健全，幸福安康，能享天伦之乐，自己又外形俊美，晚年还能安详离世，那他显然是幸福的。”[5] 第三种定义来自亚里士多德：“幸福可以被定义为富足加美德，或生活独立，或生活无比欢愉又有安全感，或身边物质和奴隶都很充足，且短期内不会失去，随时都可以使用；很大程度上，幸福就是上述一种

1 欧里庇得斯，《希波吕克斯》，191 f.（tr. Murray）。
2 这两位作家是品达和柏拉图，我们在第七章会着重分析。
3 亚里士多德在《尼各马可伦理学》（Nicomachean Ethics）里谈到人文主义的道德哲学。
4 *Isthm*. 4. 12.
5 希罗多德，1. 32。

或几种情况。以上就是幸福的定义，幸福通常由贵族身份、一众良友、
大笔财富、优秀的大家庭和幸福的晚年组成；身体因素也很重要，比如 116
健康、外貌、力量、状态和体能。最后也不能忘了名声、荣誉、好运和美德。”[1] 以上是三种闻名遐迩又具代表性的定义，向我们揭示了古希腊人对生活的追求。如果让基督为幸福下一个定义，结果该大不相同了。

这里联想到罗伯特·豪尔（Robert Hall）曾在“阅读埃奇沃斯（Edgeworth）小姐的作品时感到困惑，甚至因此将牧师工作搁置了一个星期；他受到严重困扰，只因她描述了一个怪异的世界，里面都是活泼快乐的人，没有任何肉眼可见的地域边界干扰他们——那是一个通情达理，且总体上能良性发展的世界，却不依赖任何警诫或说教，人们的灵魂不曾受到明显威胁。”[2] 那些动摇罗伯特·豪尔信仰的人，大概也可以是古希腊人吧。

古希腊人将人性赋予生活。并不是说他将自己降格为动物，也不是说我们必须假设他只关注生活中的欲望和动物本能。事实并非如此。有些思想粗鄙的古希腊人认为人类本性就该粗俗不堪，他们只会吃喝玩乐，自我放纵，而且认为这种放纵是生命中最美好的事。但层次更高的古希腊人不这么想。对他们而言，人文主义意味着施展大自然赋予人类的天赋，享受原始的乐趣；在《野橄榄之冠》（Crown of Wild Olives）的前言末尾，拉斯金向我们展示了这个不妄想永生、满足于尘世所给予一切的民族从生活中看见了什么，又追求些什么。“他们知道生活里处处是竞赛，但同样期望能在生活中赢得所有竞赛的桂冠。不是浮夸的桂
冠！不是镶满宝石的王冠，燃烧着穿越天国，从德不配位的王座上方飞 117
过；只是几片野橄榄叶，对和平时期疲倦的眉头不至太过炽热。注意，花冠必须由野橄榄做成——那种肆意生长的树木，不用鲜艳的花朵装点岩石，没有碧绿的枝干；只有雪白的小花、稀疏的果实，其中混杂着灰绿色的叶子、长满荆棘的花茎；有了那样锐利的荆棘，你也别想系紧花

1 亚里士多德，*Rhet.* 1360 b，14。
2 引自 Lewes，*Life of Goethe*，bk. vi. c. 2。

冠。但只要他们活着，就有可能赢得那样的桂冠；那象征着朴素的荣耀，让人心安理得。坦率慷慨、和蔼可亲、毫无保留地信任他人、不求回报地爱人、看见别人的和平、操心别人的苦痛——这些加上他们头顶的蓝天，还有脚下甘甜的泉水和盛开的花。”[1]

上述文字更适用于作者，而不是古希腊民族。因为实际上，古希腊人在世界上的乐趣远比拉斯金让我们感受到的得多。即便如此，但凡读过古希腊文学的人，都会发现这种文学带他走进了世界上最有人情味的民族。我们可以从荷马身上看到这点，他是吟游诗人，吟唱的主题不仅包括战争、盛宴和旅行，还包括家庭生活。在我们心中，赫克托耳是一个恐怖的人物，手持闪烁银光的长矛，挥舞着盾牌踏过血泊；但荷马提醒我们，他也是人，向我们展现他安抚妻子、陪孩子玩耍的画面。在我们心中，奥德修斯是一到危急时刻就逃避、一上码头就结婚的典型水手；荷马却告诉我们他如何乔装打扮，去见二十年未见的父亲，发现后者“为防止荆棘刺伤”穿上了皮质绑腿，戴上了皮手套，在葡萄园里掘
118 树以“疗养心伤”。在奥德修斯为眼前之景表示强烈叹惋，并褪去伪装时，老人因此吓了一跳。这种诗歌显然来自富有人情味的民族。

希罗多德记载的十个科林斯人的故事也非常有人情味——这个故事是我们对科林斯人生活仅有的了解。据传神谕降临，警告科林斯人提防一个婴儿，因为这个婴儿未来将摧毁科林斯。科林斯人采取了残忍但并不少见的预防措施——全城杀婴。计划最后失败了，失败的原因却展示了冷血阴谋家的真实性情，也向我们展现了记载这一事件的史学家的真实性情。“他们走进厄厄提翁（Eëtion）的后院，索要婴儿。婴儿的母亲不知道他们的真实意图，以为他们是孩子父亲的朋友，便将婴儿送到了其中一人手中。本来他们在路上约定好，第一个接到孩子的人要将孩子摔在地上。但神迹出现了，孩子对抱着他的人笑了；那人看到这笑容，心生悲悯，不忍下手，便将婴儿传给下一个人，第二个人又传给第三个人，直到在人群里传了一圈，都没人能痛下毒手。最后他们将孩子

1 为了引用方便，我替换了一些不重要的词。

还给母亲，走出庭院。他们停留在大门外，互相指责谩骂，但最主要指责的还是第一个接过孩子的人。”[1] 写出这种故事的作者十分有人情味。

现在让我们转向相对平凡的人。色诺芬随机描绘过身边几位好友，向我们展示了最优秀的古希腊人是什么样子。那些不是诗人、哲学家或
任何伟人，只是优秀的古希腊民众；色诺芬的职业生涯和性格也和他们 119
很像。色诺芬曾是英勇立功的士兵，率领十万大军完成了穿越安那托利亚山脉的伟大长征。后来他定居乡野，将时间花费在狩猎和写作上。他记载自己时代的历史，记录苏格拉底的事迹，撰写关于教育、家庭管理、狩猎、指挥骑兵、买卖马匹的随笔。用传记作家的话来说，“他在很多领域都拥有杰出才能，尤其在狩猎和军事方面，这点可以从他的作品中看出来。他一生虔诚，乐于牺牲，精通宗教事务，是苏格拉底忠诚的学徒。”他的朋友也差不多如此。

这些朋友包括克里同（Crito）、赛贝斯（Cebes），还有色诺芬笔下其他和苏格拉底交往的人。他们和苏格拉底交往“不是为了成为知名演说家或成功的律师，而是为了成为高尚的人，学习如何正确对待家仆、侍从、亲友、祖国和同胞。”[2] 还有哪句话更能精准完整地总结人类的道德观呢？还有伊斯克玛古斯（Ischomachus），他意识到“除非我们明白自己该做什么，而且下苦功去做，否则神不会给予我们生活富足的权利；但如果我们头脑聪慧，又吃苦耐劳，神就会将富足生活赐予我们一部分人，但也不会惠及全员。所以首先，我敬畏神；其次我会在祈祷时尽量表现出这点，以获得他的馈赠，收获强壮体魄，赢得雅典同胞的尊
敬、朋友的爱戴，并积累财富——以正当的手段——还有不在战争中殒 120
命——但不当逃兵”。[3] 最后来看一段更私人的刻画，对象是年轻的赫莫杰尼斯（Hermogenes），他“为了追求高尚而日益衰老；看看他眉头紧皱、目光坚毅、嗓音温柔、脾气随和，谈吐间流露出不凡气质；哪怕他

1　希罗多德，5. 92。

2 《回忆苏格拉底》，1. 2. 48。

3 《经济论》，11. 8。

的好友中有多位威严的神，他也不嫌弃我们凡人。”[1] 不管这些人有什么缺点，他们都不是茹毛饮血的原始人。他们的理想和最上层的英国绅士没有区别。

“他们”包括了色诺芬的朋友。下面是其中一位朋友和妻子的谈话片段，体现了他们对待婚姻的精神。“‘你的父母代表你，选择了最适合和你成家育儿的人。我的父母也是；在千千万万人之中，我选择了你，你的父母选择了我。如果神赐予我们孩子，我们要相互协商，寻找最佳方式将他养大；年迈时，我们将依靠孩子养老；所以孩子是我们的共同利益。但眼下我们同处一室，我将贡献出所有牲畜作为家庭财产，你也应该拿出所有嫁妆。我们不应该计较谁贡献得多；我们要记住，做出最有价值贡献的人，才是更合格的伴侣。’我的妻子问我：‘可我该怎么辅助你呢？我的力量从哪里来？所有事情都要靠你承担，我的母亲曾说，
121 我的职责就是活得清醒（σωφρονεῖν）。’‘没错，我的父亲也曾这样讲。而一对清醒的夫妻就应该守护财产，并且以正当手段使财富增长。’‘但你觉得’她说，‘我该怎么赚钱呢？’‘为什么这样问？’我回答道，‘当然是利用神创造你时赋予你的能力，前提是法律允许。’[2] 然后他继续解释自己心中母亲和家庭主妇的职责。

这些话精准诠释了在古希腊式人文主义的引领下，普通古希腊人如何看待生活。他们的婚姻观里不存在理想主义、神秘主义或浪漫主义的成分。他们将婚姻视为人间烟火之事——注意他们育儿的功利态度，还有他们如何将增加收入视为职责，并背负这种压力。但夫妻间也相敬如宾，相互爱慕，在彼此身上寻求心理慰藉；两人拥有动物所不具备的情感纽带。希腊人的夫妻之爱不似普照在海上或陆地上的阳光那般闪耀，却真实地在平凡的日子里滋养着双方。

伊斯克玛古斯和妻子继续以这种理念谈论如何培训管理仆人。“选管家时，我们选了一位在饮食起居上最有节制的女人；她记忆力好，会

---

1 《会饮篇》，8. 3。这个句子生动展现了古希腊人口中的“好运”（καλὸς κἀγαθός）究竟是什么意思。

2 《经济论》，7. 11 f。

记得如何取悦我们，如何赢得我们的尊敬。兴致高昂时，我们与她分享喜悦，心情悲痛时，我们允许她展现同情；我们就这样教导她对我们忠诚；我们让她参与家庭事务的讨论，让她分享家庭富足的果实；我们就这样让她和家庭共进退。我们崇尚善良，并告诉她好人会比坏人更富裕，拥有更多自由；我们就这样教导她从善。”[1] 是不是真能这样管理仆
人另当别论。但如果能，伊斯克玛古斯将收获一位优秀的管家。古希腊 122
人的家庭事务观里不存在理想主义的成分，他们管理家庭事务时也不受理想主义制约。男女主人单纯地假设人之初性本善；虽然事实就应如此，不应该有其他可能，因为在这个世界上，善良和诚实是成功的源泉；如果你以同理心对待仆人，他们就会对这个家有认同感，努力帮家里增长财富。

这种生活观完全是世俗的，但实际上也不坏。有了这种生活观，人就知道自己的立场是什么、自己能做什么、自己向往什么。他会知道最坏的情况是什么，并下定决心去享受好日子，忍受坏日子。在最忧郁的日子里，他可能默念帕斯卡尔的话：“最后一幕若是流血的，那么无论全剧的其余部分多么美好；我们最后却把灰土撒到头上，于是它就只好永远如此了（何兆武译）。”（Le dernier acteestsanglant，quelque belle que soit la comédieen tout le reste；on jetteenfin de la terre sur la tête，et en voilà pour jamais.）。但他绝对不会默念：“我要同等谴责那些下定决心赞美人类的人，也谴责那些下定决心谴责人类的人，还要谴责那些下定决心自寻其乐的人，我只能赞许那些一面哭泣一面追求着的人（何兆武译）[2]”（Je blâmeégalement，et ceux qui prennentparti de louerl’homme，et ceux qui le prennent de le blâmer，et ceux qui le prennent de se divertir；et je ne puisapprouver que ceux qui cherchentengémissant.）。[3] 古希腊生活观丝毫不像基督教生活观那样充满不确定性；古希腊式生活里没有阴暗角落，没有不可告人的秘密，有的只是晴朗天气，我们身处其间，就不会

---

1 《经济论》，9. 11。

2 以上译文引自《思想录》（商务印书馆，1985 年出版）。——译者注。

3 《思想录》，210，421。

被迷雾困扰。那迷雾起起伏伏，却从来不曾消退；迷雾背后是无尽的可能性，永远不可能被一一验证。

从色诺芬身上，我们看见了人文主义最好的一面，但如果不去探究
123 人文主义的阴暗面，我们就无法真正了解古希腊人的生活观。但在探究之前，我想再次强调这一人文主义生活观可能带给我们的益处。

古希腊文化与基督教文化（至少与主流基督教理论）的区别就体现在生活观上。古希腊文化不需要神、来世或纯粹的精神世界。不是说古希腊文化与这些信仰格格不入，事实上两者常常产生交集；但古希腊文化可以没有它们。剥夺古希腊人对它们的信仰，古希腊人也能活得好好的。在他眼里，万物并没有受苦受难。他不会等待神的荣光降临的那天，也不相信到了那天，如今的磨难就将不值一提。荣光已经出现在他眼前：管它有没有来世，他当下的生活就是这尘世里最真实宝贵的存在。他可以活在对当下的满足中，忘记寻找救赎的必要性。但剥夺基督徒对不可见世界的信仰，就将彻底颠覆他们生活的意义和价值观。基督徒永远相信一点，那就是世界这个剧院对人类演员来说太小了，而且人类受本性制约，永远无法达到完美。教会布道时，这种观念一次又一次出现：它藏在有关人类的堕落（the Fall）、宿命（Predestination）和丢弃（Reprobation）的教义里。“我们所爱的事物很快将离去（Omnia quae hic amantur et transeunt）”是奥古斯丁的话；“摆脱阴影和符号，走向真相（ex umbris et imaginibus in veritatem）”是纽曼的墓志铭；“对往日客人的回忆（memoria hospitis unius diei praetereuntis）”是帕斯卡尔对我们生活的总结。

这里还有一些更重要的问题——人文主义是对的吗？采取完全世俗
124 的态度对待生活是否正确？我们是否应该假定人是万物的尺度？是否应该相信，就算看不见的世界存在，我们也可以不理会它，只顾做好自己的事，过好自己的生活？或许这些才是如今最重大、最值得解决的问题。事实上，每个人都必须解决这些问题。

如果我们打定主意要当人文主义者，那古希腊人或许会是最好的楷模。毫无疑问，古希腊人将人与生俱来的能力发挥到极致；在生活大事

上，现代人文主义者得出的结论不比古希腊人出彩，因为后者的洞察力十分敏锐，发表的言论几乎像是神启。人类最优秀、最智慧的老师几乎都出自这个民族。

哪怕我们对人文主义还满腹疑团，急于了解人文主义将导致什么后果、是否有用，我们也要去了解雅典。雅典开展过一场纯粹的人文主义实验；想了解人文主义，能收集到的唯一实际论据就是古希腊社会。在古希腊，我们可以看见人文主义如何取得成功；人文主义是否能帮助民族免于灭亡，走向繁荣强盛；人文主义能否带来公平、正义、仁慈和真正的幸福；也能了解到若人们普遍崇拜造物胜过造物主，宁愿为造物服务也不愿为造物主服务，他们在生活中是否极其容易，也无可避免会犯下“罪”。这里的“罪”，指的是圣保罗在使徒书信第一章讲到罗马人时，长篇大论论述的那种罪。

让我们先了解人文主义将带给我们哪种生活观。

如果我们想以人文主义者的视角看待生活，我们必须先放弃自己原有的视角，抛弃各种偏见和预设（尤其是神学方面的偏见和预设），拒 125
绝学习人类多年来积累的知识。我们必须假装自己一无所知，以开放的思想看待事物。我们对待世界的方式，要和初到地球的火星人差不多。想象我们从火星来到地球，试图了解人类是什么，再了解他能做什么。我们见到了第一个人类；我们了解到他是肉体和头脑的复合产物，并且已经将头脑开发到极致。肉体和头脑哪一个更重要？人类会选择满足哪一个，还是两个同时满足？

首先，肉体会强行吸引我们的注意力，因为它是有形可见的实体；同时，肉体将从出生伴随我们至死亡，一路上霸道地提出各种要求，大吵着要被满足；肉体驱赶我们进食，让我们在妓院里沉沦，醉倒在酒池旁，不断地去狩猎、骑马、捕鱼，体验身体运动带来的兴奋感。这些是最关键、最确切、最主要的现实需求。如果我们相信这点，我们就会回答说肉体愉悦是好事，并致力于保障身体健康，为此不惜付出一切代价，愿意用大量金钱和好友满足肉体需求，以肉体欢愉为己任。

这种生活观很有古希腊特色。古希腊人看着人类，第一个看见的就
是肉体的重要性；他从来没有忘记这点，哪怕在思想和学识引领他进入
126 下一境界后。这很正常；因为肉体是人类最有形、最可见的实体，而古
希腊人最喜欢抓住形态确切的东西。接下来请看几个实例。请问各位读
者，如果许下的愿望都能被实现，你最想许哪三个愿。下面是古希腊人
的回答。这是一句古希腊谚语，曾被某位不逊于柏拉图的作家明引暗喻
过五次："首先是健康，其次是美貌，然后说实话是财富，第四是和朋
127 友共度青春。"[1] 在我们看来，这样为人生的乐事排序有些出乎意料。亚

---

1 我曾连续两年让某个教学班的同学写下自己的四个愿望，按渴望程度排序。他们的答案五花八门，我不得不去掉一两个冷门回答，将剩下的回答按票数排列。总之最后的结果如下：

健康……………………………54 票
精神生活丰富 / 道德高尚 ……47 票
享受友情和亲情………………35 票
头脑聪明………………………32 票
对生活满足……………………29 票
审美愉悦………………………15 票
强健体魄………………………13 票
成功……………………………13 票
努力工作………………………10 票
旅行……………………………8 票
财富……………………………8 票

分析个体答案自然比统计总体数据有趣得多。这些学生的答案大多与古希腊人不同，主要体现在"财富"和"身体健康"这两项上，当然也体现在"旅行"这种新生事物上。那两年的名单有所不同。在第一年，"艺术"、"旅行"和"努力工作"排名较前。在第二年，"旅行"和"努力工作"的排名大幅度下降"艺术"几乎被遗忘了。无论如何，有一点没有变：财富在两年里都垫了底（从理智角度分析，很多人以为它会排在"对生活满足"前面）。

或许这里应该原话放上史蒂芬森（Stevenson）的三个愿望：

1. 身体健康
2. 一年两三百元
3. 哦，天啊！（O du lieber Gott l ! ）朋友

至于正文引用的那句格言，我们要记住那是一首宴歌（skolion）的片段，由此对古希腊人的理想做出的所有推论必须以本书第 115 页对幸福的定义为准。即便如此，柏拉图也不会经常引用这句格言，因为他不同意其中的观点。

里士多德认为人的终极理想是获得智慧，那是神才有的缜密思考的能力；但他也认为“极度丑陋”[1]的人是不可能幸福的。色诺芬的一位年轻友人也持有相同看法：这位朋友发誓“以众神的名义起誓，他绝不会为了波斯帝国而放弃美貌。”[2]这些观念充分体现了理想主义。古希腊人认为容貌丑陋或贫穷是巨大的不幸，而且也坦诚地说出这点；他们的渴望真实又具体，极具烟火气息。但你也很难管他们叫现实主义者。从精神层面行世俗之事，以理想主义面对平常之物，这才是典型的古希腊人。

肉体占据了主导位置；这点体现在古希腊人长期以来对秀美外形和强健体魄的追求上，体现在对运动员的理想化中，体现在雕塑里——雕塑家在健身房观察赤裸的人体，强化了这种审美取向。它还体现在芙丽涅（Phryne）被赦免的传说里；体现在皮西斯特拉图斯（Pisistratus）的故事里。据说他乘坐一位农妇的马车进入雅典，农妇拥有惊人的美貌，最后他得知对方是雅典女神，统治着雅典，而且深受雅典人的爱戴。色诺芬提到成为政界高官的必要条件：“出身良好、身形看起来挺拔、吃苦耐劳。”[3]（有几个现代政治家能满足第二点条件！）柏拉图在很多领域 128
的看法和古希腊理想有出入，但也在这点上保持一致。在他心中，外形美是灵魂美最自然的体现，当他想抨击某位哲学家不学无术却广受欢迎是对哲学最大的侮辱时，他会将对方描绘成像一位“矮小秃头的铁匠”。请看下面的诗句，还有哪位诗人会这样描写青春和健康？[4]

正理：

不，你在健身场上过日子，会长得健美丰润，

不至于像现在这样到市场里去聊天，开玩笑，

1 《尼各马可伦理学》，1099 b，4。

2 色诺芬，《会饮篇》，4. 11。

3 色诺芬，《会饮篇》，8. 40。σῶμα ἀξιοπρεπέστατον μὲν ἰδεῖν，ἱκανὸν δὲ μόχθους ὑποφέρειν。

4 以下《云》的中文译文引自《古希腊悲剧喜剧全集（6）》(张竹明译，译林出版社，2007 年出版)。——译者注。

也不至于为了那诡诈的小讼事叫人家，
带到法庭上去。你可以与一些纯洁的青年朋友结伴，
到学园里的橄榄林间去竞走，头戴白芦花冠，
时闻金银花、“逍遥花”和白柠檬的芳香；
正当阔叶树和榆树私语时，你们赏玩春光。
只要你依照我的话去做，
只要你留心这些事情，
你的胸膛永远阔大，
你的皮肤永远光滑，
你的肩膀很宽，舌头很窄。[1]

这是一位富有魅力的年轻男子，出生在一个乐意接纳年轻人的世界（如果我们相信阿里斯托芬）。但凡读过古希腊文学的人，都会从中感受
129 到不同物质存在带来的欢愉。古希腊人以极其欢快的手法描述吃喝、奔
跑、玩耍、和朋友共度青春的喜悦，描述甘薯和蜂蜜（γλυκέα κἀδάπανα καὶ φίλα）[2]、舞蹈、演出、财富、激昂兽性、天生幽默感带来的喜悦，还有各种糖果甜点带来的喜悦（如果我们相信阿里斯托芬）。英国的狄更斯也在圣诞晚宴和雾天马车驾驶上表达了相似的情感，但和古希腊文学区别明显。比如说，请看古希腊抒情诗人，尤其是阿尔卡埃乌斯、希波纳克斯（Hipponax）和阿尔基罗库斯。不打仗的时候，他们就在大享宴乐，作诗以庆贺胜利、赞美宴席，写下几首宴歌，以最直白的方式描写美酒佳肴带来的快乐，震撼那些生活节制的人。希波纳克斯的文字里满是流氓气息：“拿着我的外套，我要一拳揍向布帕卢斯（Bupalus）的

1　阿里斯托芬，《云》，1002 ff.。下面是节选自原文的三句诗行：

στεφανωσάμενος καλάμῳ λευκῷ μετὰ σώφρονος ἡλικιώτου
μίλακος ὄζων καὶ ἀπραγμοσύνης καὶ λεύκης φυλλοβολούσης
ἦρος ἐν ὥρᾳ χαίρων，ὁπόταν πλάτανος πτελέᾳ ψιθυρίζῃ

“ὄζων ἀπραγμοσύνης”是多么值得赞扬的措辞！英文翻译来自我的前任学生 P. J. 帕特里克（P. J. Patrick）先生。

2　阿里斯多芬，《和平》，592。

脸，因为我双手灵巧，从来不打偏。”[1] 再看看另一副放纵欢乐的真实场景：“我们用玻璃瓶喝酒，因为没有玻璃杯了；因为侍童跌倒在杯子上，把杯子压碎了。”[2]

在描述这些快活的享乐主义者（bon vivants）的希腊作家中，阿里斯托芬算得上是后生晚辈，他的描述相对友善，口吻也较为温和。我们不会用弗里尔（Frere）去世前未完成的译本来亵渎《和平》(Peace)，但任何翻开《和平》(II. 1140 f.) 的人都会看见一幅阿提卡乡村生活的图景，欢乐程度堪比圣诞节举办酒宴的丁利谷（Dingley Dell）[3]，作品中描绘的不可名状的优雅氛围甚至胜过丁利谷。农物还在田里，一阵小雨降下，部分农民抓住上天赐予的这个机会，给自己放个假。女仆被派去水浸的农场把劳工叫回来。妻子被要求采一点无花果，把豆子和小麦一起烤。然后食品储藏室里有一只鹌鹑、两只乌鸡、一个初乳布丁和四个野兔肉派——除非黄鼠狼把它们偷走了。[4] 昨晚它在储藏室里弄出好大 130
动静。三个肉派留给酒友，一个留给老父亲。奴隶可以从邻居那里讨一点桃金娘浆果作甜点，还可以在路上召集几个合唱诗人为农物茁壮生长干杯。

这种喜悦精神在文风更严肃的作品里也可以找到。“带来雨水的女郎们啊，”阿里斯托芬在其中一部戏剧里写道，“让我们移向那光荣的雅典娜的土地，去看克罗普斯所爱的英雄之地，那儿保持着神秘的大典，那庙里正举行着神圣的入教仪式；那儿有敬神的礼物，有神像、高朗的庙宇、庄严神圣的游行和四季节日里的献祭；春来时举行酒神的狂欢节，有歌舞赛会，有笛子的清音。[5]”（张竹明译）[6] 这本是对云神的祈祷

1 fr. 83.

2 fr. 38.

3 丁利谷（Dingley Dell）：狄更斯作品《匹克威克外传》(The Pickwick Papers）里一座庄园的名字。——译者注。

4 古希腊人还没有驯化猫，但会饲养黄鼠狼抓老鼠。

5 译文引自《古希腊悲剧喜剧全集（6）》(译林出版社，2007 年出版)。——译者注。

6 《云》，300 f.。

词，但其他时代的人同样可以感受到阿里斯托芬的魅力，思绪跟随他飘进“鲜花盛开的芳草地”，[1] 在那里半个镇子都在欢度节日，无论男女老少，全都“带着诙谐，开着玩笑，跳着舞蹈，”[2] 为得墨忒尔（Demeter）唱着颂歌：

啊，女神，我们仪式之主，
保护并帮助您的歌队吧，
我们信赖您的帮助。
请赐给我们整日的歌舞畅饮；
愿我们在此所说的一切，
既非常认真，又打开玩笑，
与您的节日相称。
当我们说够了，笑够了时，
希望胜利者的花环属于我们（张竹明译）[3]。[4]

阿提卡的节日也和罗马教会的节日一样，将宗教和娱乐结合起来，是欢快而有人情味的节日。比如酒神祭（Oschophoria）上的法勒兰港
131 （Phalerum）赛跑，在宗教仪式结束后，全体雅典青年都会参加赛跑，在太阳下山时抵达港口沙滩聚众野餐。酒神节（Dionysia）上众人在油腻的兽皮上跳舞也是如此；苏达斯（Suidas）提到过一种运动也可以作为例子，参赛者站在鼓鼓囊囊的葡萄酒囊旁，在小号吹响后开始饮酒，先喝完的人获奖。泛雅典娜节（Great Panathenaea）上的仪式也可以作为例子，如今大英博物馆（British Museum）墙上的埃尔金石雕上还可以看到这些仪式的画面，尽管埃尔金石雕美化加工的成分很重，难以帮

---

1 《蛙》，449。
2 出处同上，374 f.（tr. Murray）。
3 出处同上，386 f.。
4 以上《蛙》的译文引自《古希腊悲剧喜剧全集（7）》（译林出版社，2007 年出版）。——译者注。

我们复原当时真实的欢乐景象。还有赛船、火炬接力赛跑、竞走、赛马、全身穿铁甲跳舞、在飞驰的二轮战车内外跳跃、在马背上投标枪、斗鸡、音乐剧和体育竞技、男性选美、荷马朗诵会、由当日指定演说家发表演讲的习俗，这些都是实例。最后，还有雅典卫城的游行列队。一艘圣船会被拖过城邦，桅杆上挂着一件金黄的刺绣礼袍，随后礼袍将被披在雅典娜神庙（Athena Polias）的雕像上。而全体雅典居民则跟着圣船前进，有些徒步，有些骑马，有些坐着二轮战车。

人的生活多么美好！光是活着就足够美好！就是应该让每颗心、每颗灵魂、每种感知永远沉浸在喜悦中！

没错，而且古希腊人比我们更重视感知。要理解这点，就要回到古希腊人对肉身的看法（即我们最初探讨的话题）。对肉身的看法可以从对衰老的看法中体现出来。当青春逝去，古希腊人就会觉得（大多数人文主义者都会这么觉得）生活已不值得留念。或许某种程度上，这是因为和现代人比起来，古希腊人对衰老有更深的恐惧。古希腊人没有老花镜、助听器、带蓬轮椅或完善的开胃菜（apéritifs）体系。这些都是现代科学 132
家为方便老年人发明出来的。但即使有了这些辅助，古希腊人也不见得会开心度过晚年。至少从古希腊文学来看，古希腊人较少哀悼晚年的行动不便，反而常哀悼自己丧失了青春的活力，无法再紧密互动、尽情享乐。他们如此重视美貌和健康，这么想也很自然。年纪大后他们就会：

……感觉到岁月慢慢侵蚀呼吸，
双颊开始凹陷，棕发开始被灰色点缀；
他们感觉的岁月的指尖轻轻，
按住了飞驰的生命列车；——
双足渐渐迟钝，赶不上朝露，
心也渐渐不再为新的情感悸动，
至于希望，一旦被粉碎，就难以重塑了。[1]

1　Arnold，*Thyrsis*. 我将“我”替换为“他们”。

下面这段文字取自柏拉图对话，向我们展现了古希腊人对衰老的憎恶，以及他们憎恶的原因。说话的是柏拉图的一位老年朋友。“我和某些同龄人会经常聚一聚，聚会上大多数人都会唉声叹气，怀念青葱岁月的快乐，回忆风流韵事、饮酒狂欢一类的活动。大家将青春视作无上的特权，并为失去这种特权而悲痛不已。大家都认为年轻时生活圆满，而现在，据他们所说，甚至都不能叫活着。还有些人会抱怨亲人不满他们疾病缠身，并为此辱骂他们。他们用这种遭遇，加上自己遭受的其他苦难，作为抨击衰老的理据。”[1] 柏拉图其实不同意这种看法，因为在后
133 文中，他让对方转而说，造成这些悲伤的不是衰老，而是这些人的品格。可即便如此，人文主义生活观还是倾向将衰老视作可悲的事；在古希腊如此，这点体现在上文“大多数人”几个字上。柏拉图的观点与众不同。大多数古希腊作家都会哀叹衰老。他们不会认为晚年是美好、平静或成熟的；他们给衰老起的别名是“λυγρός”、“βαρύς”，即“悲惨、“沉重”，最多承认年岁会让人增长智慧。品达和埃斯库罗斯对衰老的看法可能是最乐观的了，但品达也称衰老是“可憎”的。柏拉图倒是将索福克勒斯描述成欢迎衰老的人。但后者的戏剧里极少流露出对衰老的喜爱，而且在《俄狄浦斯在科罗诺斯》某首合唱的结尾用无比尖酸的词句提及晚年：“那就是人类最终的命运了，甚至是晚年、可憎、无能、孤僻、不合群——所有罪恶中的罪恶就埋藏其中。”[2]

相比年老体衰、疾病缠身或生活不幸的人，正值青春、身体健康和生活富足的人更适合将人文主义视作信条。说到这里，我们有必要回顾奥古斯丁对古希腊人的经典评价。当时他正谈到自己从柏拉图身上学到了什么，在承认自己收获颇丰后，他补充道，nemo ibi audit vocantem, Venite ad me qui laboratis，即“在那些书页里，我听不到这样的呼唤：

1 《理想国》，329。

2 *O. C.* 1236. 古希腊关于衰老最悲观的论述来自亚里士多德，他对老年人特征做出了残忍的描述，*Rhet.* 2. 13。欧里庇得斯对青春的赞美更为露骨，H. F. 637 ff.，他称如果神像人那样思考，就会用重返青春作为美德的奖赏。

到我这里来，你们这些受苦受累的人”。[1]

虽然古希腊人如此追求体格强壮，如此害怕年老体衰，但他们远不止是野兽或运动员。从人性里，他们看见了另一样元素，那就是智力， 134
一个奇怪的部门，专门监管人类求知的需要；智力常常摧毁信仰，而我们的幸福往往建立在信仰上，因此我们容易反对智力；智力常常杀死或破坏肉身，自己也连同肉身灭亡；但物质成功离不开智力，更高层次的成功也离不开智力。古希腊人十分重视开发智力；不只是哲学家，普通人也如此。雅典民众组成了古希腊戏剧的观众，后人称他们将所有时间“花在讲述或聆听新事物上。”这点不足为奇。在公元前五世纪的雅典，益智活动随处可见。有人在吟唱以荷马作品为词的狂想曲；三大悲剧作家的剧目在上演；阿那克萨哥拉在阐述自己的宇宙理论，这些理论后来会被控诉为无神论；希罗多德在朗读他前往埃及和亚洲的游记；普罗塔哥拉在宣读语法理论；高尔吉亚（Gorgia）在演示文法技巧，身旁是一众智者（他们的名字已经和作品一并失传），热切讨论（或随时准备讨论）天地之间的任意话题。

想一想色诺芬在《回忆苏格拉底》(Memorabilia）里描绘的古希腊生活。若有旅人在公元前 440 年至公元前 400 年之间来到雅典，他会在上午看到集市，在其他时段走进健身房或铺好的街道上（古希腊所有城邦都可以找到），看见一个体格强壮，但容貌丑陋的人在和一小群人交谈。谈话内容和我们今天在英格兰大街——比如皮卡迪利大街（Piccadilly）或伦敦证交所（Stock Exchange）外的大街——上听到的不
同。古希腊人会讨论宗教和反宗教的意义，讨论美和丑是什么，讨论正 135
义和勇气是什么，讨论什么品质能造就伟大领袖，又该如何定义“城邦”和“政府”。我们可能会惊异于在公共场合听到这种谈话，但古希腊人不以为然，认为知识对好运（καλὸς κἀγαθός）必不可少，只有奴隶才会不在乎知识。

1 《忏悔录》，7. 21。

要记住我们现在不是在说专业的哲学家，而是雅典民众。雅典民众认为自己“拥有对知识的激情，且为之疯狂”。[1]将军、骑兵军官、交际花、画家、乡绅、意气风发或垂头丧气的政治家都来与苏格拉底交流，探讨的问题从建房、画画、野餐、战术、消化不良到健身不一而足[2]。最终他们都能带着启迪离开。《回忆苏格拉底》记录了这些谈话，向我们展现了古希腊民众是多么理智，他们比其他人——比如英国民众——更依附于理性，也更愿意听从理性。很多人带着矛盾或具体的争执请苏格拉底做主。两兄弟吵架了，他就劝他们和好。一位年轻的骑兵军官前来，和他探讨如何最大程度提升军队效率，苏格拉底指出，除非这位军官成为优秀的公众演说家，否则他永远不可能成为好军官。一个叫阿里斯塔克斯（Aristarchus）的人在伯罗奔尼撒战争快结束时被迫供养一众
136 丧夫的女性亲戚，几乎被众多花销压垮，他向苏格拉底询问意见。色诺芬对两人对谈的记载如下。苏：“为什么感到困难呢，阿里斯塔克斯？色拉蒙（Ceramon）也有很多名奴隶要喂养，可他依然生活富裕。”阿：“没错，但他们是奴隶。”苏：“你的女性表亲难道不比奴隶强吗？”阿：“当然了。”苏：“那他能养活奴隶，而你养活不了自由人，你难道不为此羞愧吗？”阿：“可他的奴隶是熟练的工匠。”苏：“那么，熟练的工匠就是能做出有用东西的人？”阿：“是的。”苏：“面包和衣服有用吗？”阿：“非常有用。”苏：“色拉蒙的奴隶会做东西养活自己，为什么不让你的女性亲戚也去做这些东西呢？”[3]

什么！可能有人会说；你是想说服那些情绪阴晴不定，随时会同情泛滥、草木皆兵或暴虐无道的古希腊人，实际上相当理性？科西拉岛大屠杀和米蒂利尼辩论还不算教训吗？没错，这个观点看上去矛盾重重，但也有可信之处。古希腊人确实延承了南方人的情绪化气质，但他们一直努力使自己保持理性。《回忆苏格拉底》见证了这点，古希腊哲学家

---

1 柏拉图，《会饮篇》，218 b。

2 《回忆苏格拉底》，3. 8. 出处同上，10. 出处同上，14. 出处同上，各处，出处同上，13. 出处同上。

3 色诺芬，《回忆苏格拉底》，2. 7。

的长篇大论见证了这点；柏拉图在《斐德罗篇》里抓住了古希腊人真实的模样，他在文中将人类灵魂比作一个驾战车的人，挣扎着控制一匹不羁的野马——即人的兽性，同时努力回忆并使人保持记忆中真实、节欲、正义和美丽的样子，这种样子在他出生以前，在众神陪伴下驶过天堂时就领略过。他的挣扎往往以失败告终；但最优秀的古希腊人都成功 137
控制住野马的缰绳，达到奥林匹斯平和的境界，曾经的挫折苦难都消失殆尽。有些人内心充满暴力兽欲，在与心中“多位暴君”进行漫长搏斗后才获得自由，我们知道索福勒克斯是这样，我们可能怀疑柏拉图也是如此。但人们在凝视古希腊人的艺术作品时，很难想象那宁静表面下隐藏着什么。

或许这些都离我们有些遥远。在精准的解剖刀下，活物不再是活物，当我们孤立分析同时存在于古希腊人身上的品质时，古希腊人也就不再是完整的人，而像运动员、节日发明家和自命清高者的结合体。古希腊人的生活细节与我们有很大不同。我们不崇尚外表美，因此无法理解古希腊人对美貌的赞叹；苏格拉底的谈话难免使我们生厌；古希腊似乎离我们很遥远。但英格兰有两处地方，能使雅典人在我们烟雾迷绕、富裕而精致的生活中产生亲切感。在那两处地方生活的人拥有世俗之物“公正的资助”（ἐκτὸς χορηγία），亚里士多德曾把它视作幸福最必不可少的条件。但总体而言，那两处地方不够富裕，装饰品位过于粗俗；迄今为止，那里的人口大多是土著，继承先辈留下的土地，毫无负担地接受上天赋予的财产；那里的人口大多年轻、活力四射、身心发展良好。智者学派会在那里找到学生，苏格拉底也可以，因为他热爱和这样的年轻人交谈。这些年轻人的幽默比得上阿尔西比亚德，身体敏捷不输奥林匹
克冠军。那两处地方是牛津（Oxford）和剑桥（Cambridge）。在那里， 138
伯里克利的葬礼演说加上必要的修正（mutatis mutandis）后依然基本适用；至少下面引用的这句话依然适用：“φιλοκαλοῦμεν μετ’ εὐτελείας καὶ φιλοσοφοῦμεν ἄνευ μαλακίας”。“我们热爱美，却不因此铺张浪费；我们热爱智慧，却不因此优柔寡断。”

注释——为了使观点明晰，我在本章前段着重对比了人文主义和基

督教义的不同。但逻辑学家可能会指出，这两者是相反的，但并不相互矛盾。没错（接下来的章节会证明），人文主义可以和大部分基督教义互补（除了最奉行苦行的那部分）。但我的意思是：犹太地区的宗教教导信徒人与神的关系，并指出人应该尽其所能为神服务。但它没有指出人具体有哪些能力，因此我们无法从犹太地区的宗教中获得满意的生活；我们无法按照犹太人的方式生活，原因很显然，如果我们照做了，就会发现生活中没什么可做的。一个高度文明化的人不可能将时间全部耗费在宗教、农业或贸易上，因为他生来不只是为了祈祷、犁地或赚钱。他有不同的能力与天赋，如果他不想浪费它们，拥有艺术、文学和政治生活的古希腊人是最好的楷模。在这点上，人文主义和犹太教是互补的。

第五章　两种人文主义：品达和希罗多德

我们本可以使我们的观点更明确，前提是我们能从一个典型的古希 139
腊人身上提取古希腊精神。但这种人并不好找。那些被我们归在古希腊文学类别下的作家，他们人格各异，很少能称得上是“典型古希腊人”。一国文豪往往不是典型的该国人；因为文豪通常遗世而独立；但我们需要的是一个普通人，一个和左邻右舍的天性、想法以及偏见相同，只有智慧不同的普通人。这种人很难在古希腊大作家里找到。我们不能指望修昔底德；他那沉重、现实而极富哲理的生活观一点都不普遍。阿里斯托芬也不行。他那喜剧面具是一种干扰，我们对面具背后的人知之甚少。埃斯库罗斯也不行；因为他在任何时代都显得浮夸而独特。柏拉图和欧里庇得斯也没有用，因为他们是逆时代潮流而行的人。索福克勒斯可能比较接近我们想要的人，但他的人格隐藏在他的艺术之下，无人可见。演说家也不行；人在慷慨激昂或摆姿势时从来不会展现出清晰的面容。修辞学家也不行，据柏拉图说，他们是一群骗子；从追求者身上可以瞥见情妇的品格。现在只剩下两位伟大的作家：品达和希罗多德。让我们简单看一看他们。

品达为公元前五世纪前期的社会写作，为那个抗击并击败波斯人的 140
社会写作，为那个以希腊联盟国为理想，为该理想付出大量但不切实际的努力，最终失败放弃的社会写作。在那个社会，贵族高人一等；但品达看见民主从一个又一个的国家崛起，有些国家剥夺了世袭贵族的头衔，几乎所有国家都为反抗他们发动了战争，最终两败俱伤。这两场伟大的运动，一场关乎国家，一场关乎民主，都没有在品达身上留下痕迹。品达对政治毫无兴趣，无论是国内还是国际政治；他对大众也兴趣寡淡，甚至有些厌恶。他为富人写作，为贵族写作，为“上层阶级”写作；他甚至不愿为所有上层阶级写作；他的杰作都是写给赢得体育竞赛的人。这就像一个现代诗人将自己关在牛津和剑桥里——对世界变化充耳不闻，对社会主义和工人阶级充耳不闻，对帝国主义充耳不闻，对印度、埃及或殖民地充耳不闻；而是在牛津里为“贵族”剥削喝彩。这种创作领域似乎很窄，这种作家似乎头脑狭隘，品达似乎是古希腊人多面性的一个反例。但在另一方面，正因为他不是渊博的思想家，他才有可能代表古希腊平民看待生活的方式。在这点上，他胜过任何伟大的作家，或许除了希罗多德；放在传统的背景下看，古希腊文化中独特的美德显得格外突出。

品达明确告诉我们他心中至高无上的幸福是什么样子，狂热的古希腊学者看到品达心中的理想生活，必定会大吃一惊。品达垂涎且崇拜的东西，不是神秘主义视角下的超感觉之美（supersensual beauty），不
141 是运用智力解开的抽象真相，而是尘世的、有形的、有利可图的好处。[1]
首先，一个人应该年轻、高大且英俊，有一些天赋，这些天赋要能吸引朋友，帮他赢得奥林匹克赛跑，让他得以享受生活中美好的事物，总而言之，让他成功。他必须有“ἀγλαόγυιος ἥβη”——“散发光芒的青春”——除了古希腊你不会见到这种措辞。伊阿宋（Jason）从珀利翁山（Pelion）森林里的马人洞穴里冲出来，誓要夺回本属于自己的王位，那副形象就是品达（事实上也是古希腊人）心中理想的人。“于是他等到时机成熟，挥舞着两柄长矛，像一个了不起的人；他身上的衣裳分为两截，马格尼西亚（Magnetes）乡野的装束正贴合他强壮的四肢；

1 有关品达与俄耳甫斯主义的联系，参见 pp. 198，200—201。

但他还披着一张豹皮，令人不寒而栗；他没有剪去浅色的发卷，任它披散在后背。他快速前进，跟随自己无畏的灵魂，在人头攒动的集市上站稳脚跟。”[1] 品达希望你成为这种人。

然后，如果你可以选择自己的地位，做国王吧——那是人世间最顶级的好处。但无论如何要与富裕、财富联系着——或用品达的话说，“外表包裹着”——自然的馈赠，能让你成为最无忧的人。[2] 财富会赋予你普通人得不到的机会，压抑内心深处的担忧，最终带你前往失落的天堂（Paradise of the Lost）。至少这是品达的意思。财富竟然是打开天堂的钥匙。但品达的观念里尚存理智；拥有财富会使人远离贫穷的粗俗与 142
悲哀；现实生活的法则就是如此：人越富有，他得到的也越多。要有钱，要强壮，要英俊。这是脚踏实地的古希腊人的看法，那大地坚实具体，客观存在。

但假设大自然尽职尽责，让你成为运动员，且腰缠万贯，你将降生在怎样的世界？第一眼望去，这个世界很糟。任何扫过品达名言录的人，都会觉得世界无比黑暗。运动员用胜利打开富足和成功的道路，但道路尽头都是死亡在等候。品达不会让胜利者忘记，即使披着胜利的外袍，他们也不过是凡人之躯，终有一天要入土为安。[3] 生活本身也充满着黑暗。品达被“苦难”（πόνος）和“遗忘”（λήθη）的想法折磨着，成功路上需要艰苦付出，但成功会迅速地被无情遗忘。因为人是“短命的生物，影子做的一场梦。”[4] 他笔下的主人公也不例外。有些优秀的胜利者或不受待见，或遭遇流放，或希望破灭。或许死亡出现在他家中，或许疾病削弱了他的力量，或许衰老阻止他继续取胜，并警告他死亡正在逼近；而且“他要去的坟墓里没有工作、器械、知识或智慧。”同时，
还有数不胜数的阻碍、意外、雄心受挫，用第四首皮托凯歌（Pythian） 143
的心酸的文字总结就是：“他们说现在这个是所有悲痛中最不幸的——

1　*Pyth.* 4. 78. 我几乎都选择了迈尔斯（Myers）先生的翻译。

2　*Ol.* 2. 53 ff.

3　*Nem.* 11. 15.

4　*Pyth.* 3. 81.

有良知的人必须容忍，哪怕命运并不在其中。”[1] 品达从来不惮于谈论这些事，如果他生在现代，我们估计会叫他悲观主义者。但他是古希腊人。于是在后文，我们沉浸于那色彩明亮、“精雕细琢”的描写中，描写对象是他举办的宴席或冒险活动，“在宴会上穿梭，为青春放弃灵魂，带着明亮的竖琴，在一众智慧的市民之中轻柔抚摸它。”[2]

以上是古希腊人坚定并竭尽所能讲述真相的结果。文字间没有刺耳的事实，没有假装不幸是幸事，或死亡令人愉悦；甚至连掩饰其存在的意图都没有。但在品达悲观主义的目光中，不幸毫无疑问存在。他没有将见不得人的事藏进角落；但他也是享受歌舞升平的宴客之一。如果说黑暗的日子很漫长，那光明的日子也很漫长，智者既懂得享受光明，也懂得忍受黑暗。

很多人批评品达的生活观过于俗气，而且不满诗人不将人放在略低于天使的位置，而只放在略高于禽兽的位置。但没有人会认为品达“粗鄙”，因为品达拥有（用上文的话来说）古希腊人将物质事物精神化的天赋。比如说，宴乐在他心中占据重要分量（它们一直是运动竞赛的替代品）。但他将这种乐趣理想化，认为它们不仅仅能填饱肚子，还能带来“εὐφροσύνη”，即“欢愉”，还能使“ἱερὸν εὐζῴας ἄωτον”，即“神
144 圣的欢乐生活之花绽开”。英国人延续了这种观念，这点可以从“寻欢作乐”（good cheer）和“享受好生活”（good living）这类表达中看出来。但英国人长期误将这两者和暴食（gluttony）等同起来；在品达心中，美好的友谊不只关乎美食，我们可以从他对希罗王（Hiero）宴会上客人的描述看出这点。这些客人包括杰出的诗人和政治家。“当他们来到西罗王富贵幸福的家时，他们赞美克洛诺斯（Kronos）之子；因为他在西西里（Sicily）为大批信众挥舞正义的权杖，将各品质最优的果实挑选出来；音乐之花将他衬得璀璨，即使是现在的快歌，我们正围在一位朋友的桌旁欢快地唱着。”[3]

1 *Pyth*. 4. 287.
2 *Pyth*. 4. 294.
3 *Ol*. 18 f.

这些话并不粗鄙，如果从纯粹人文主义的视角看待生活，这些话也没有错。哪怕是最有抱负的理想主义者，或多或少也会有世俗的时刻。大多数人在读完卡莱尔或其他神秘主义者的作品后，一开始都会觉得它清新脱俗，随后陷入头脑混乱，被作品中的神秘主义生活观和徘徊于生死两端（two eternities）的人折腾得麻木不仁，然而在拾起品达阅读后，又会在品达激情澎湃的文字中建立起这种清醒、普通的日常生活观。

随着我们对品达的论述逐渐深入，他似乎越来越不适合作为古希腊文化视角的范例（我们在最后一章会详细阐述这种视角）。有些人争论说，古希腊人将品达对强健体魄的热爱发展成一种对头脑层面事物的热爱和尊敬。现在，为了说明这条理论，我们已经介绍了品达这位诗人。他具备古希腊式直率，和其他古希腊人一样热爱美貌和实物，但迄今为止还没有展现出古希腊人对理性的热爱。目前在我们眼里，品达似乎智 145
力平庸，而且为了弥补智力上的平庸，他成为了一个对运动充满激情的人，一个美感出众的诗人。

毫无疑问，品达不是高智商天才；他完全没有思辨能力；虽然他的大部分诗作像闪电一样出奇又耀眼，但它们的光芒从来没有照亮过人性深处。然而品达的哲学气质远比看上去的多。他对生活有一套详尽而智慧过人的理论，而且显然很喜欢这套理论，不放过任何机会宣传它。他可能不具备柏拉图或剧作家那样的思辨能力，但他和其他古希腊人一样，都会相对理性地解释事物。因此他有自己的哲学。这种哲学的口号听起来晦涩难懂［拣选（Election）和丢弃（Reprobation）听上去也很难懂；因行为称义或凭恩典称义（Justification by Works or by Grace）听上去同样难懂］；但这只是因为古人在遣词造句上不如我们，无法使用清晰丰富的语言表达意思。撇去语言不谈，品达哲学口号的内核十分先进。

让我们来了解这种哲学的其中一点——品达对不幸的解释。品达认为我们的不幸都源于三点。第一是宇宙自然规律，比如死亡和衰老无可避免，有些人生来体弱或患病，没人能预测或避开意外。这就是“Μοῖρα”，即“命运”（Fate），它会带来我们不愿承受的不幸，而且超出我们控制。我们抱怨或反抗都没有用，必须坦诚地接受死亡和衰老——就连叙拉古的暴君也必须接受它们；“ἀσθενεῖ μὲν χρωτὶ βαίνων,
146 ἀλλὰ μοιρίδιον ἦν” [1]，“拖着病躯行走，但这是命中注定。”其次是我们因为无知、恶习或其他罪恶给自己带来的不幸。这些不幸的根源是“Ύβρις”，即人的“傲慢”（Insolence）。最后还有一种不幸，起因和上述两种都不同，既不是因为神，也不能怪罪人。一位正直、爱国的公民被放逐了；他出众的美德使他无法和邻居和平共处，也无法做官或掌权。阻碍他的负面力量就是“Φθόνος”，即“嫉妒”（Envy）；“Μοῖρα”、“Ύβρις”、“Φθόνος”，我们不幸的三种来源；除了换个措辞，我们还能找到更好的说法吗？这些不幸的应对措施是什么？如何应对疾病？医生，药物：但世界上还有很多不治之症。如何应对“Ύβρις”？忏悔并改正：但有时傲慢会造成无法挽回的后果。如何应对“Φθόνος”？我们很难找到别的应对措施，除了品达眼里对于此类问题的通用解决方法：“Χρόνος”，即时间。这种方法耗时多年，有时人们会被死亡先行带走。那还有没有别的有效方法呢？或许圣保罗会说“ὑπομονή”，即“耐心的忍耐”；但这本质上还是一样的方法，只不过圣保罗的措辞更加深奥，更具个人特色。

所以，品达终究还是佐证了我们的观点；他智力平庸；他的兴趣爱好本可以创造出更智慧的成果，而他毫无此意；然而他是当之无愧的哲学家，他的哲学虽然不够深刻，某种程度上甚至有些粗俗，但却是深思熟虑、精致打磨后的产物，或许也没那么狭隘或粗鄙。

现在让我们转向第二个例子。

他出生在一座小镇，小镇虽然位于亚洲，却是多利安人的定居地，
147 同时深受爱奥尼亚文化影响：二十未满，他就奋起反抗当地暴君，遭到流放，又重归故土，又因公民对其“无法承受的批评”而再次离开；随后周游各地，最北达克里米亚，最南至阿斯旺地区（Assouan），最东达

1 *Pyth.* 1. 55.（这句话描述的是希罗相提并论的菲洛克忒忒斯（Philoctetes））

苏萨（Susa），最西至西西里；四十岁时，他加入了一场探险，为在意大利建立全希腊殖民地而集资；随后他回到雅典，时值伯里克利达到权力顶峰——这一生不算乏味，而且能训练出一个优秀的历史学家。这就是希罗多德的一生。

是什么鼓舞他写下自己的史书?

不是影响了加德纳（Gardiner）或阿克顿（Acton），或激励了我们时代优秀史学家的那股力量。有意也好，本能也罢，反正不是为了真的想要了解过去到底发生了什么；或是真的想借此冲刷读者贫瘠无知的头脑，使之残留那么一点弥足珍贵的史实，也不是为了将这些史实装点得古色古香，富有教益，趣味盎然或是不可或缺。正如我们所见，希罗多德身上有一种独特的诚实品质；但他的诚实又和科学史学家（scientific historian）的诚实不同。否则他就不会在史书中记载那么多神迹，我们也不会读到大流士（Darius）和两个显赫的波斯人在巴比伦（Babylon）的对话了（同时代的人质疑此对话的真实性，他自己却无比虚伪地坚称对话发生过）。在对话中，三人争论民主、寡头政治和暴政的优点，发表多场演讲，体现出彻头彻尾的古希腊观念。[1] 这个例子可以看出，希罗多德不属于现代学派。

但他著史书的动机又和李维或麦考利那类历史学家不同。他写作不是为了赞美哪个伟大的党派、民族、原则或人物。就算这是他的写作目的，就算希腊战胜波斯是他真正的写作灵感，他也会以不同于上述历史 148
学家的姿态写作。他不会单纯地大唱赞歌或为人辩护。他谈论自己民族的方式，会不同于麦考利谈论辉格党（Whigs）的方式，不同于卡莱尔谈论克伦威尔（Cromwell）的方式。他谈论波斯人的方式，会不同于李维谈论迦太基（Carthage）的方式，不同于麦考利谈论托利党（Tories）的方式，不同于卡莱尔谈论查理一世支持者（Cavaliers）的方式。他也不是律师，无法简短地提取出一方的美德和另一方的恶行。他显然很享受引用居鲁士（Cyrus）对古希腊集市的定义："一个分散人们，让他们

1　3. 80 f.

自由行动，宣誓要相互欺骗的地方”。即使波斯是希腊的敌人，他也呼吁读者关注波斯人的美德。“他们勇猛、天真且刚强，热爱真相，效忠王子，拥有智慧的习俗和法律。他真诚且无比敬佩地谈论这些，从狭隘的民族偏见中脱颖而出……他宣称波斯人的英勇丝毫不亚于古希腊人，不断为波斯人的战败辩护，声称是武器、装备和纪律上的不足所致。”希罗多德对待本族人也是如此。他敬仰雅典超过任何国家，却也不断批评雅典，比如指出斯巴达人的勇气更胜一筹。他不喜欢科林斯和皮奥夏，却呼吁读者关注皮奥夏人的勇敢，科林斯人的诸多长处。他对希腊世界的看法虽然充满嫉妒和诽谤，却有一种波澜不惊的公正。“据我所知，如果所有人都要将自己做过的坏事像商品一样放置在公共场合，并尝试和邻居互换，那么在看过邻居做过的坏事后，所有人都会感激地将自己来时所带的东西搬回家。”他最后以极富个人特色的描述做了总结。“就我而言，我一定会呈现所有说法，但不一定全盘相信。”[1]

149 普鲁塔克写过一篇短小的随笔《论希罗多德之阴险》，倒为希罗多德的公正提供了有趣证词。普鲁塔克认为古典时期的希腊人不会犯错，认为希罗多德在“不必要地描述恶行”。“希罗多德是多么阴险，”他想，“才会说德尔斐神谕是被收买的，才会说雅典的某个政党在马拉松（Marathon）战役后试图叛城，或是波斯人在普拉提亚战役上的装备不如斯巴达人（‘如果是这样，希腊在这些战役上又有什么荣光’）。他习惯于将某件事归功于某人后，又提及此人的一些弱点和恶行，这种习惯多么可憎。例子就是马格尼西亚人阿密恩诺克利（Ameinocles the Magnesian），希罗多德说他谋杀了亲生儿子，其实最好能省去这种细节。”[2] 这条批评有些古怪，但却基于事实。希罗多德笔下有许多受我们喜爱的人物，但他们都不是英雄；我不禁想到，或许除了阿里斯提德，没有哪个人物值得我们全心全意去尊敬。可能这也不能全怪希罗多德。

1 《历史》，1. 153（一场市集）：引文出自罗林森（Rawlinson）的《希罗多德》（Herodotus）1. 80：参考文献参见本书第 76 页全文。Hdt 7. 152.

2 除了括号里的文字（De Malign. 874），其余部分并不是直接引用，虽然它们代表了普鲁塔克的观念，适用于普鲁塔克的例子。

但无可否认，他作品的风格和我们儿时的课本不同，课本告诉我们英国军队永不败，当然除了丰特瓦努（Fontenoy）、萨拉托加（Saratoga）和约克镇（Yorktown）三场战役。希罗多德不是科学史学家，不是冷酷无情的现实主义者。他拥有真正的古希腊式直率的本能，并以这种直率 150
看待大自然造就的人和事物。所以，作为历史学家，他和李维、弗鲁德（Froude）、卡莱尔这类历史学家不同。

那么，他为什么要撰写自己的史书？

他撰写自己的史书，是因为他时至成年还保留着一种天赋，这种天赋原本存在于我们所有人身上。希罗多德正是人长大后，仍保留着天真好奇心不被破坏的样子。梭伦也有这种好奇心——好奇心驱使他四处旅行，只为“θεωρίης εἵνεκεν”，即“为了看看世界”。好奇心也驱使希罗多德去旅行，并写下所见所闻。他用“Θῶμα”——“惊异”——称呼好奇心这种品质，这个词总是挂在他嘴边：—θῶμά μοι λέγεται γενέσθαι—θῶμα μυρίον—πλεῖστα θώματα ἔχει—θωμάζω τὸ αἴτιον.（——这在我听来乃是奇事——真奇妙无比（无穷无尽的惊奇）——极为奇异的事物——我对原因感到好奇。）

有些古埃及祭司有幸和希罗多德详谈了古埃及的生活方式，看着对方照单全收，从古埃及的三百三十个邦国，到为鳄鱼清洁牙缝的小鸟，无一落下。希罗多德记录每一个细节，他就像孩童一般，对琐碎或重要的细节拥有同等兴趣。从他的书中，你可以读到古埃及的猫跳进火中，波斯人不喜欢白鸽，帕达索斯（Padasus）的雅典娜的女祭司有正常人两倍长的胡须，马尔泰格人（Massagetae）会吃掉父母，多瑙河（Danube）两岸的岛民光闻气味都会醉。他告诉我们斯基泰人（Scythian）的牛群为什么没有角，埃及人和波斯人的头骨哪个更硬，萨摩斯岛（Samos）的引水系统规模有多大，普萨美提克（Psammetichus）怎么知道地球上第一个人是弗里吉亚人（Phrygians），巴比伦（Babylon）的空中花园怎么建成，贯穿阿索斯山（Athos）的运河如何挖成，阿底玛基德部落（Adyrmachidae）如何对付跳蚤，湖边居

151 民如何防止孩子落水。[1] 所有这些都源于希腊与东方各国之间千丝万缕的联系，而作者希罗多德记录时又总是信马由缰，恣意纵横，对于所见所闻来者不拒，通通纳入囊中。

随着我们深入阅读他的作品，我们会不断深入人性，不断接触到比考古证据或人种介绍更有趣的东西。因为希罗多德的好奇心远比曼德维尔（Mandeville）或马可波罗（Marco Polo）大。他的好奇心更接近伟大作家身上的强烈同理心。他热爱观察人性，描绘人性。他热爱历史洪流里的个体。他天马行空，无拘无束，所述史实之间有无关联，全不在意；于是在他的书里，政治家、马夫、医生、护士、农夫、神、窃贼摩肩接踵。现在国王发话了，现在是哲学家，现在是小餐馆的懒汉。我们看见席隆（Syloson）在孟菲斯（Memphis）城镇广场上，披着那件猩红色斗篷耀武扬威，我们听见渔夫吹嘘自己被邀请与萨默斯的暴君共进晚餐。[2] 孩童同样满足于希罗多德对人类广泛的兴趣，许多史书会忽略它们，但它们却不断在希罗多德的作品中出现。[3] 总体而言，比起现代历史学家关注的“武装力量”和“运动”，希罗多德对人、人的激
152 情和情感更有兴趣。福西亚人（Phocaeans）将一块铁沉入水中，发誓除非铁块上浮，否则绝不再回到这座城邦。但随着他们驶向塞尔努斯（Cyrnus），对故乡的思念与日俱增，为家乡和路途艰险而忧愁，他们打破了誓言，驶回福西亚。[4] 这些文字的作者不只是历史学家。他对个体怀有深切同理心，对全人类有着浓厚兴趣，这些都使他的地位更接近莎士比亚而不是修昔底德。

希罗多德真正的智慧正体现在这种机敏而富于想象的思考能力上，而不是他的宗教观或种族观。我们很难界定他的宗教信仰，因为他生活在过渡时期，同时展现出老派迷信和新派批判思维。一方面，他用神迹

---

1 2. 66；1. 138；8. 104；1. 216；1. 202；4. 29；3. 12；3. 60；2. 2；1. 179；7. 23；4. 168；5. 16.

2 3. 42（μέγα ποιεύμενος）；3. 139（席隆）；6. 69（阿里斯顿（Ariston）的妻子）。

3 e.g. I. III f.；2. 1；3. 48；5. 51. 92.

4 I. 165.

解释历史，力挺巴基什（Bakis）的神谕，对任何形式的亵神表示震惊，并且相信神妒忌日益强大的人类，意图将其推翻。另一方面，他认为众神要将自己的能力、形体和名字归功于荷马和赫西俄德，认为“每个人都同样了解他们”，而且对一条立场危险的教条坚信不疑——习俗决定人的信仰。[1] 若这些话出自后一个时代，希罗多德就要被称作无神论者了。但无论他意向为何，他从来不是也绝不会成为一个宗教天才；他不是沉迷于精神世界的人，他与神的关系和宗教天才截然不同，没有那种关系，宗教信仰迟早会减弱，而知识则会增长。

他也绝不是伟大的伦理学家。当一个确切的问题摆在他面前，他会 153
支持善的一方；他绝对会谴责特定恶行，但不会公开谴责，只会含沙射影。另一方面，他叙述骇人之事的方式，和如今媒体谈论谋杀的方式一样，有时因它们怪异而兴趣盎然，有时认为它们惊险刺激，但永远意识不到它们背后的悲惨和堕落。以下是他对一项残忍习俗的记载。斯基泰人（Scythian）习惯戳瞎奴隶的双眼。“斯基泰人弄瞎所有奴隶，是因为他们喝马奶。所以他们会这样做。”（随后他描述了斯基泰人如何使母马的血管充满空气，以刺激其产更多奶。）“挤完马奶后，他们会将奶倒入空的木质容器，让奴隶站在一旁，搅拌牛奶。浮在表面的，他们将其舀走，最为珍视。沉在底下的，他们不太珍视。斯基泰人弄瞎所有俘虏的原因就在于此：他们不事农耕。他们是游牧民族。”这只是希罗多德写过的众多故事之一。希罗多德记录过许多古怪习俗；他对斯基泰人对待奴隶的方式尤其感兴趣，正如他对他们刺激母马产奶的方式感兴趣。如果我们有机会问他是否赞成那样对待奴隶，他肯定会说不赞成。但他对斯基泰人挤马奶、处理马奶、看待马奶的方式如此痴迷，以至于忘记对奴隶的遭遇表示愤怒或嫌恶。因此我们读到了一连串与残忍对待奴隶不相关的细节。这些细节表明希罗多德头脑充满好奇心，但对故事牵扯的伦理暂时不感兴趣。这是因为他全身心奉献给了“理论学说”

1　8. 77（巴基什）；I. 32（上帝的嫉妒：同上 3. 40；7. 10）；2. 53（荷马和宗教体系）；2. 3；3. 38（古希腊语）。希罗多德笔下神的“妒忌”不能和耶和华的“嫉妒”混淆：前者是纯粹的妒忌之心。

154 （θεωρία）。真诚的批判性思维不偏不倚，这与道德激情几乎无法兼容。一个人要么对万事不咸不淡，要么心怀偏见。若一个人像勒南或歌德，他就不会像卡莱尔或拉斯金。[1]

现在让我们简单了解这一切与古希腊智慧的关系。

从前面几章中，我们了解到智力兴趣是人文主义的一个方面。就这点来看，希罗多德比品达更能代表古希腊人，因为后者思维相对古板，我们刚才花了那么多时间，都是为了探讨他的这一特征。品达从来没有接受过批评或思辨的训练；他也会批评或思辨，但那只是一颗原始头脑不假思索做出的举动。然而，品达是制造苏格拉底或柏拉图的原材料，有了如此惊人的材料，难怪古希腊末期会取得卓越的智力成就。

无可否认，希罗多德不是普通人。但所有了解历史的人都会意识到，历史记载古希腊人是一个极度聪慧，同时欣赏他人聪慧的民族。用希罗多德的话来说，这个民族"拥有伟大的智慧，远离愚钝状态，因此和古老的蛮族区别开来。"[2] 这个民族有古怪的格言、成熟的驳辞——
155 εὖ εἰρημένα，ἔπη ἀστεῖα（优美的辞令，巧妙的故事）。他们有用不完的权宜之计和诡计，为希罗多德的故事提供了素材。这些故事被热情洋溢地叙述。最重要的是，它们见证了古希腊人如何占有一席之地，并将这地位世代延续，历经塞琉古人（Seleucids）、托勒密人（Ptolemies）、古罗马人和土耳其人的统治，成为近东地区的智囊团。东方君主向古希腊人——一个为晦涩文字解密或加密的智慧民族——讨教神谕；古希腊哲学家远航前往东方朝廷；古希腊工程师为大流士在博斯普鲁斯海峡（Bosphorus）上筑桥，古希腊医生为帝王治疗脚腕扭伤；遭到流放的古希腊人怂恿波斯人侵略希腊，并从旁协助。他们成熟的才思将古希腊人带往世界各地，令其无所不能。冈比西斯（Cambyses）入侵埃及时，

1 《历史》，4. 2。我们可以争论说希罗多德一直处于被压抑的道德愤懑中。至于这是否为他留下的第一印象，每个人必须自行判断。关于道德气质和智力气质的区别，参见马奇尼（Mazzini）评论勒南、歌德和拜伦的文章。

2 1. 60.

发现敌军里也有古希腊人，于是将他们带出来，变成自己的人。用希罗多德的话说，出现在那里的古希腊人“数量众多，有些是为了贸易，也有些是为了**看看这个国家**。”或许在那时，某个波斯或古埃及朝臣已经对这个无处不在、阿谀奉承的种族心生厌恶。六个世纪后，尤维纳利斯（Juvenal）用拉丁语表达了对于古希腊同样的憎恶[1]：

> 喜怒无常，厚颜无耻（Ingenium velox，audacia perdita）。

正如他的智力具有代表性，希罗多德的宗教和道德能力也代表了典型的古希腊人。仅由一个个体就得出群体的结论显然不公平，但很多结论已经被历史证实。虽然古希腊人大力发展神学，但我们在他们之中找
不到伟大的人类宗教导师；虽然他们大力发展伦理哲学，但实际应用的 156
成果，不过是几个人身上体现了某种美德，而不是整个国家艰难地取得道德进步。他们本性里有同理心，最基本表现形态为敏捷思维，最高表现形态为超凡想象力。可是同理心却无法造就古希腊人坚忍笃定的良好品格。它的胜利体现在文学和思想里，体现在光耀千秋的重大时刻里。它让古希腊人迅速地接受高尚思想，以崇敬的目光看待神、人和世界。他们比其他人更强烈地感受到爱国主义的辉煌、智慧的美妙、美德的卓越；即便如此，出于本性使然，他们总是缺乏毅力，无法通过不断的努力，将感受到的图景锻造成现实。他们有诗人的天性，对周围环境异常敏感，并能迅速适应。所以他们在城邦里打造出一种富足的生活，在艺术、哲学和文学领域能理解高级、优美的概念。后者将成为永恒的遗产，前者却将快速逝去。[2]

出于写作目的的考虑，我们在上文详细介绍了希罗多德与品达的互

1　1. 30（梭伦）；4. 87（博斯普罗斯海峡桥梁）；3. 130（迪莫塞迪斯（Democedes））；3. 11 和 139（古希腊人在埃及）；尤维纳利斯 3. 73。

2　我忍不住觉得“想要公平正义却发现做不到”（《历史》，3. 146 f.）的美安德伊斯（Maeandrius）也是很多古希腊人的代表。

补之处，但没有谈及其生活观。虽然两人之间有诸多不同，但希罗多德的生活观本质上和品达一致。希罗多德是民主主义者，品达则是贵族阶层。在后者身上，我们看见思辨能力尚未成形的萌芽，在前者身上则看见它成熟的形态。但看待事物时，两者的观点基本吻合。希罗多德和品
157 达一样，都认为世界是一个不幸的地方。这种看法几乎可以佐证歌德的观点，他认为古希腊文学和艺术留给后人的教诲就是，地狱就在人间，在我们日常生活中。[1] 下面这段对话来自薛西斯和阿尔达班（Artabanus），体现的却是古希腊观念。“我们的生命短暂，然而再幸福的人，也有萌发自己不如死了好的念头的时候。灾祸会降临，疾病会缠身，使短暂的一生看起来无比漫长。生活是悲惨的，死亡则是最诱人的解脱，神展现其嫉妒人类的方式，就是让我们初尝活着的甜蜜。”

这些文字灰暗而阴郁，但希罗多德和品达身上没有现代悲观主义者的死气沉沉。希罗多德看待不幸世界的方式，属于一个身心健康的人。“人生正如你所说，阿尔达班，但请别说下去了，也别记着不幸的日子，因为我们也有能力活在光明的日子里。”命运的大军攻打我们，但我们也没有理由束手就擒。“如果每出现一个问题，你都要考虑每种可能，那你只会原地踏步。最好能勇敢无畏，哪怕某项计划有一半可能性带来灾祸，去尝试它也比畏手畏脚，永远不遭受灾祸要好……机会是均等的。一个人怎么能准确无误地了解一件事？那是不可能的。就连那些经常取得成功，将万事纳入考虑之后选择退缩的人也基本做不到。”这番
158 话颇有勇气，而且完全在理，既体现了阴郁气质，又体现了胆识，是典型的古希腊生活观，至少是奇罗尼亚（Chaeronea）战役之前的古希腊生活观。这番话提醒我们，在定义“悲观主义”这个词之前，不要轻易将古希腊人归入这个类别。[2]

如前文所述，古希腊人同时睁开双眼，知道每个人都有收获

---

1 《歌德与席勒的书信集》(Briefwechsel zwischen Goethe und Schiller)，927。我将歌德原话中的“荷马”和“波吕格诺图斯”(Polygnotus) 替换为“文学”和“艺术”，可能因此误读了这句话。

2 《历史》，7. 46. 47. 50。

幸福生活的机会。但需要再次注意，尽管希罗多德对幸福的标准不如品达那样重视金钱，他的标准也和品达一样，有理想主义的影子，同时夹杂了古希腊人偏爱的务实作风。希罗多德曾经讲过三个人的故事，这三个人在古希腊人眼里是幸福的，一个是雅典人，两个是阿尔戈斯人（Argives）。那个雅典人生养了品行端正、英俊过人的儿子，见证了孙辈成年，所居住的城邦繁荣昌盛的景象。他曾为城邦浴血奋战，城邦最后为他举办了公开葬礼。正因为这些，梭伦认为他是自己所知道的最幸福的人。那两个阿尔戈斯人是克琉比斯（Cleobis）和比同（Biton），为参加节日庆典，他们拖着母亲乘坐的马车走了五英里（约 8.05 公里），而且“做到了，**在众人注视下做到了**（现代历史学家很少如此实事求是地加入这条细节），最终走向美好结局。神用他们的例子证明活着不如死了好。阿尔戈斯人围住了他们，赞美他们的力量。阿尔戈斯妇女对母亲赞美两个儿子。母亲对儿子的行为很满意，同时为这件事声名远扬而高兴，便向神祈祷，希望神赐予两个儿子最美妙的礼物。祈祷过后，两个儿子参加献祭和宴会，随后去神庙躺下休息，之后再也没有醒来。但阿尔戈斯人为他们在德尔斐建造了雕像，视他们为众人的楷模。”希罗多德还补充 159
说他们的幸福包括收入丰厚、体格健壮，并且曾在公共竞赛中取得胜利。[1]

济慈曾在一个世纪前反驳大众对古希腊呆板的想象，他在《希腊古瓮颂》（Ode on a Grecian Urn）里提到

> 临海靠河的小镇，
> 或寂静的堡寨山村，

这种地方就是克琉比斯和比同的家乡。正如希罗多德所展示的，它的市民是一个平凡、友好的民族——德国人会称他们随和（gemütlich）——

1 《历史》，1. 30. 31。

太单纯而无法成为主知主义者（intellectualists）或享乐主义者（hedonists），太有人情味而无法成为实利主义者，高度赞扬日常生活中的美德和虔诚之举，但不会让理想主义影响他们对美貌、“丰厚收入”、公开葬礼和德尔斐雕像的重视。他们对世界持悲观态度，但又懂得享受生活，像“原始”人那样善良单纯，过着快乐的生活。

以上就是我们对古希腊人文主义内涵的粗略分析。

第六章　对心理健全和多面性的注释

人文主义没有随着古希腊人从世界上消失，他们独特的生活哲学同 160
样没有。人文主义是人性背后的阴影，和所有影子一样无法离开本体。只要人类还有躯体和头脑，就会有人崇拜力量、美貌和才智；就会有人享受青春，恐惧老年。无论是今天、诺亚（Noah）的年代还是“人子”（Son of Man）的年代，人们都会吃喝、结婚、为婚姻奉献。无论处于何种社会，信奉何种宗教，人们都会寻找各类娱乐活动，以满足人性需求。个别苦行者将自己与生活彻底隔绝。但大多数人会感觉人性和自己的信条并不冲突，而且满足于通过日常活动，凭借手边工具接近上帝。因此，人文主义在我们时代不比在伯里克利时代罕见，尽管在古希腊，人文主义遭遇的限制更少，受到的崇拜更加狂热集中。

从人类生来就运动不息活动不止这点来看，我们都是人文主义者。但我们时代不满足于此。我们时代越来越集中关注人文主义，并有意识地将人文主义变为生活信条。“人文主义”这个词和其他衍生词汇一起，成为实证主义（Comtism）或实用主义（Pragmatism）的最爱。所有不
可知论者（agnostics）都无比崇拜这个词，无论他们是否建立了一个人 161
文主义的宗教。因为他们不承认世界上有神存在，也不承认神的法令，只能从人性的情况和潜能入手，建立人应该是什么样子的理念。一些受

欢迎的思想家如梅特林克、威尔斯和高尔斯华绥（Galsworthy）自然而然地以人为前提，对人类自身进行探究，只为了解人类应该是什么样子。他们不会过问神对人有什么要求，不再追问人应该履行何种神职。他们只是简单地询问一个人是否遵循内心最好的一面，并以这个标准评判他，若他违背本性就谴责他，若他忠于本性就称赞他。他们是纯粹的人文主义者。

如果这是真的，现代世界应该会慢慢呈现出后转的趋势，回归古希腊人几千年前遵循的生活态度和思维方式。但事实并非如此。无论我们变得多像人文主义者，也不会有人觉得自己能融入古希腊文化。很多古希腊学者不过是东施效颦，他们的模仿空洞无物。不知怎地，我们和古希腊人之间有着无法跨越的鸿沟。毫无疑问，这部分是因为我们很多人并不崇尚人文主义的哲学。但还有其他原因。比起古希腊时期的美，我们眼中现代意义下的美要贫乏、狭隘得多。这使我们的生活和文学都要比雅典的丑陋。其次，我们远比古希腊人多愁善感；滥情的藤蔓依然缠绕着我们，哪怕藤蔓的根已凋亡，就像常春藤会长久缠绕着房屋，哪怕
162 根部已被砍去许久；我们在现实生活中最残忍的时刻展现虚情假意，这种虚伪绝不会出现在带有天真、原始脾性的古希腊文学代表作里。但我们落后于古希腊人还有更深层次的原因。我们有自己的人文主义哲学家，但他们没有完美体现人文主义的信条。他们的生活和他们对人性的理论都有些狭隘，古希腊人的生活和理论则不会。古希腊人身上确切存在着一种“完美”（τελειότης），我们则无法拥有；他们对人性的看法既广泛又完整，我们的文学因为缺乏这种看法显得狭隘而偏执；他们的处世之道既广泛又完整，我们的生活因为缺乏这种指导变得贫瘠而匮乏。这就是现代人文主义者的弱点，本章试图简略地对其进行分析。我们可以从两个领域开展分析：文学和日常生活。我们必须追问，我们的文人和索福克勒斯或欧里庇得斯有什么不同，我们的牧师或熟练工匠和伯里克利时期的雅典人有什么不同。我们会先分析第一个相对不那么重要的问题。

在衡量十九世纪文学对世界文学的贡献时，没有哪个批评家会忽略以下三种作品类型。第一种是《烤猪论》（A Dissertation on Roast Pig）、

《关于地铁乞丐衰落的投诉》（A Complaint of the Decay of Beggars in the Metropolis）、《对烟囱清洁工的赞扬》（The Praise of Chimney-sweepers）、《论裁缝的忧郁》（On the Melancholy of Tailors）这类随笔，它们多少都在小题大做。兰姆（Lamb）是写这类文章写得最好的人，他还留下许多门徒，有些是受他本人亲自调教，有些是模仿者。第二类涵盖面更加广泛；它包含了所有从人性边缘地带提取了情感，让边缘地带的神秘和恐怖侵蚀主流生活的作品：《莎乐美》（Salome）、《道林·格雷的画像》（Dorian Gray）、《佩里亚斯与梅利桑德》（Pelleas et Melisande）、法国象征主义诗歌、《凯尔特的薄暮》（The Celtic Twilight）、叶芝的大部分诗歌都属于这一类。第三类则是外国的福楼拜和苏德曼（Sudermann），163
英格兰的阿诺德·贝内特（Arnold Bennett）和高尔斯华绥；他们的特点是智力超群，而且能不带感情地运用智力；他们作品里的冷酷批判思维既是作品的长处，又是作品的短处。这三种类型各有为自己辩护的方法。但它们都可以套用以下两条理由中的一条：这样做是为了艺术，或这样做是为了真实性。“为艺术而艺术”已成为臭名昭著的创作理念；或许我们还能加上一条——它是现代戏剧代表作的根基——“为智力而智力”。进一步探究这两条理念，你会发现它们有共通之处。

在最优秀的古希腊文学作品里，我们找不到“为智力而智力”的痕迹。埃斯库罗斯和他的后辈们智力超群；但没有人能说他们最核心的特长是不带感情地分析事实。我们在古希腊文学里也找不到上文提到的其他作品类型。古希腊文学的黄金时代没有诞生奥斯卡·王尔德（Oscar Wilde）的《莎乐美》、叶芝先生或魏尔伦的诗歌、查尔斯·兰姆（Charles Lamb）或史蒂芬森创作的精致空洞的随笔。最优秀的古希腊文学作品不古怪，不病态，也不轻浮；古希腊作家不会像叶芝先生那样，带我们拐进人性的偏僻小路，在黑暗邪魅的道路上游览；他们也不像王尔德，对隐疾有着浓厚兴趣，住在乌烟瘴气的病房里，或活在“淡淡的腐烂气味中”；[1] 他们也不像查尔斯·兰姆，将自己消耗在微

1　佩特的说法。

不足道的随笔中，这些随笔的魅力仅限于文风和措辞，就像在优雅地咀嚼一块被反刍多次的草皮。古希腊文学里没有这种作品，直到亚历山大
164 港（Alexandria）出现病态的情诗（或许可以视作《莎乐美》的反面），琉善写出关于苍蝇和琥珀的可爱随笔（与《煤气灯请愿》(Plea for Gas-lamps)、《烤猪论》有相似之处）。更早期的文学里不存在这种作品。或许这不应该被视作早期文学的长处；上述作品里多少有一些真诚，甚至闪烁着智慧光芒，而且它们反映了真实的生活体验。但事实不会变：公元前 326 年以前，古希腊文学绝不会涉及那些主题。

这点并不是意外，而要归功于当时作者和读者的个性。古希腊人“朝气蓬勃，积极能干”(énergiques，frais，dispos)；他们不会“羸弱、病态、病恹恹”(faibles，malades，maladifs)。[1] 他们不会满脸疲态(blasés)。他们还没有对简单、寻常的人类情感失去兴趣，华兹华斯将这种情感形容为“我们赖以生存的人心”。所以他们不是唯美主义者，不是神秘主义者，也不是象征主义者。他们从普世人性中汲取能量，就像从石缝中汲取纯净的清泉；他们关注的对象都是普通、简单、世俗之物。

以荷马为例。他诗歌的话题十分有限。有战争、竞赛、议会、航海、食人族、女巫、奇妙花园、古希腊宫殿生活、古希腊军队生活、古希腊乡村农场生活。但他最根本的兴趣，其实是各年龄段身心健康的人共有的兴趣——首先是稳定的物质生活及其引发的活动，除此之外，还有围绕物质生活基本但强烈的情感，还有吃、喝、战斗、冒险、婚姻、友谊、效忠；勇气、慷慨、忠诚；愤怒、狡猾、恐惧。这些是人类身上
165 最古老的东西，也是所有人最基本的东西，正是它们造就了我们。荷马在乎这些东西，并详细描述它们。他不太关心也很少描述其他东西。

两个例子可以证明我的观点。荷马笔下瑙西卡（Nausicaa）的故事和王尔德笔下莎乐美的故事有许多相似之处。两个角色都是女性；都被年龄相差很大的男人吸引。但瑙西卡的爱是原始的人之激情；莎乐美

1　圣伯夫（Sainte-Beuve），*Qu'est-ce qu'un classique?*（*Causeries du Lundi*）.

的爱是难以察觉的病态。将后者收到施洗者约翰（John）的头颅后的言论（我在这里不会引用），与瑙西卡对伙伴天真的告白做对比。“听我说，我白衣的少女们，我将说一些事。不久前，这个男人还让我觉得不像样，但现在他就像打开天堂大门的神。这样一个人会不会成为我的丈夫，久居此地？或许他乐意留在这里。”[1] 再或者，对比荷马与王尔德对友谊的看法。以下片段来自《道林·格雷的画像》。“与他交谈，就像在拉一把精巧的小提琴，琴弓的一推一拉，一抖一动，都会得到他的回应。将影响施与别人真是令人兴奋。把自己的灵魂投射进某种高雅的东西里，并让它在那里逗留一会儿；听到自己理性见解的回响，其中伴有激情和青春的音乐；让自己的气质化作微妙的流体或奇异的香气，灌注进另一种气质；这些都给人一种真正的快乐，在我们这个如此贫瘠、庸俗的时代，那也许是一种最令人满意的快乐。”现在听听荷马的话：“阿喀琉斯擦了擦眼泪，怀念起亲爱的战友……他转向一侧，渴望拥有帕特罗克洛斯（Patroklos）的男子气概和神勇，还有他付出的所有努力、承 166
受的所有苦痛。他继续想着，落下大颗的泪珠，现在他侧躺着，现在他仰躺着，现在他趴着；随后他会站起身，在咸水海的沙滩旁任意漫步。”[2] 荷马简单、主流、富有人性。王尔德作品里体现的精神，则和佩特在《蒙娜丽莎》(La Joconda）里看到的一样，“怪异的思考，奇妙的幻想，强烈的激情”；如果他的作品里出现美，那将是“一身疾病的灵魂演变而成”的美。

对荷马的分析暂告一段落。现在让我们看向悲剧作家。乍看之下，他们似乎不符合我的论点，因为他们会关注老一辈诗人不曾关注的问题。从阿伽门农（Agamemnon）和克吕泰涅斯特拉（Clytemnestra）的谋杀、埃癸斯托斯（Aegisthus）的不忠、伊俄卡斯忒（Jocasta）的婚姻里，荷马只看见一个个恐怖刺激的故事。对悲剧作家而言，这些故事启发人们思考不幸带来的问题、罪恶滋生的后果、遗传暗藏的谜题。对荷

1 《奥德赛》，6. 239 f.。

2 《伊利亚特》，24. 3 f.。

马而言，特洛伊之战不过是一场游戏。对埃斯库罗斯和欧里庇得斯来说，它涵盖了所有战争相关的问题；它似乎重组了社会，摧毁了文明，为战败方带来了苦难，使战胜方变得残忍堕落。自荷马时代之后，人类生活变得更加复杂，困难和可能性都成倍增长，而文学忠实地反映了这一变化。即便如此，古希腊文学依然维持自己简单、主流的兴趣。与荷马史诗里阿喀琉斯原始的激情相比，古希腊悲剧主人公的悲痛和不幸或许更加错综复杂，但这些悲痛我们都有可能经历，这些不幸都有可能降临在我们身上。对于不寻常的恶行，古希腊悲剧避而不谈。当我们想起
167 通奸的激情如何吸引现代剧作家时，要注意没有哪部古希腊戏剧（除了《希波吕托斯》(Hippolytus)）将其视为主要兴趣点。古希腊戏剧里没有病态的反常行为。

为了证明我的观点，我想搬出一部剧作，表面看上去它与我的观点矛盾。《俄狄浦斯王》(Oedipus Rex) 的故事就很病态。故事里，俄狄浦斯无意间杀死了父亲，迎娶了母亲伊俄卡斯忒。当然了，这种事情不能被称作寻常、普遍或人之常情；它是否与《莎乐美》不相上下？乍看之下，我们很容易说“是的”。但这部剧真正的兴趣不在于俄狄浦斯所牵扯的关系。本剧真正的兴趣一部分在情节里——最精彩的情节里——在俄狄浦斯愧疚之下陷入的复杂处境里；而其最大的兴趣在于唤起我们的道德共鸣，尤其是唤起我们对于主人公所处的道德困境而产生的同情之心。伊俄卡斯忒凭借女人的直觉，先于儿子意识到了令人羞愧的真相；在人性弱点支配下，她试图掩盖真相，失败后选择用自杀逃避真相。但俄狄浦斯知道真相后，坚持听完这个羞耻的故事；随后，在冷静苦涩地回忆完自己的悲惨故事后，他没有像妻子那样选择自杀，而是选择一直承受命运到底，一路向前，将自己放逐出境，后在群山间孤独流浪。这部剧的吸引力不在于猎奇，甚至不在于益智；它有其道德诉求，能激起我们普世的同情心。我们看见一个人被难以言状的不幸压垮；我们还看见他靠意志的力量战胜不幸。人只是一杆芦苇，自然界最脆弱的存在……但当宇宙将他压垮，人会比杀死他的东西更为崇高（L’homme n’est qu’un roseau，le plus faible de la nature.... Mais quand

l'univers l'écraseroit，l'homme seroit encore plus noble que ce qui le tue）。 168
很多人读完这部剧作，明白了索福克勒斯想要表达的东西，但却认识不到俄狄浦斯之罪的本质是什么，甚至未曾意识到诗人写的是乱伦之事。这是因为诗人描写乱伦和弑亲，只是为了塑造一场非人的灾祸、一种难以启齿的罪恶。他没有剖析它们，没有将它们当成病态的东西对待。将《俄狄浦斯王》和《莎乐美》或《道林·格雷的画像》对比，甚至是与胡戈·冯·霍夫曼史塔（Hugo von Hoffmannsthal）同题材的剧作《俄狄浦斯和斯芬克斯》（Oedipus und die Sphinx）比较，两者处理方法的不同显而易见。让索福克勒斯写《莎乐美》，就和让菲狄亚斯雕刻畸形的驼背人一样难。

古希腊人对人性本质的事物感兴趣，这一点很容易理解。我们已在前文谈到了其中一个原因，即古希腊人是比我们更早期的民族。他们活在仍处于清晨的世界，还没有人抹去一草一木上的露珠，于是他们高兴地将露珠占为己有。古怪离奇之事无法诱惑他们。据说梅特林克的目标是“展示世界有多么神秘”，还有一位象征主义作家的目标是搜寻“最精妙语言也无法说明的万物之秘密”。古希腊人不会有这种目标，也不会进行这种搜寻。现代文学里常出现病态的反常行为、浮夸的矫揉造作，天真且头脑单纯的古希腊人却和它们保持距离。

但古希腊人这种品质还有别的解释。古希腊作家的生活与现代作家截然不同。我们时代的作家从出生起就被终身监禁在书房，早年挣扎于
“艺术”与批评，在这种训练下，他们发展了自己的特质。他们文艺而 169
挑剔。他们要么文艺，产出的作品从体裁到品味都完美无瑕。或者他们挑剔，能敏锐鉴别生活中的问题，不留情面地看穿一个人，但很少流露出同情或欣喜之情。但无论哪种情况，他们的生活经验都十分有限；因为艺术真的不比生活重要，一旦离开生活，艺术就毫无价值。在研究中我们容易相信世界由无数个问题构成，实际却不是这样。因此现代作家的影响力和他的眼界一样小；知识分子解读他，戏剧学院演绎他，广阔世界（他在生活中从不关注）却与他擦肩而过。

伟大的古希腊作家完全不一样。他们不局限于写字，而像普通人那

样积极生活。他们像歌德、司各特、拜伦或米尔顿那样参与世界事务。索福克勒斯和修昔底德曾指挥舰队，埃斯库罗斯曾在马拉松战役战斗，苏格拉底曾在军队服役，也曾主持市民议会，希罗多德是大旅行家，喜剧诗人欧波利斯（Eupolis）在海战中丧生，毕达哥拉斯为伯里克利在图里（Thurii）的泛希腊殖民地起草宪法，著名智者大多担任过大使或外交官。哪怕是史书中未有记载的作家，根据古希腊人的特殊天性，我
170 们也可以推测出他们多少参与过公共生活。[1] 这种环境培养的人不仅视野广阔，而且对日常事务充满兴趣，同时拥有健康的生活观；事实上，这种环境培养的是正常人；人类本性加上古希腊智慧，我们就得到了古希腊文学，那是心理健全的普通人创造的文学（前提是他们有天赋）。我们不会得到“为艺术而艺术”的理念，因为作者的兴趣不同于艺术家或文人。他的兴趣在普世的人性。即使在兰姆的散文里，我们也很少能见到这般纯真和随性的表达方式。古希腊人会说兰姆谈论的事情着实令人愉快，但它们更适合老弱病残人士，而不是朝气蓬勃、活力四射的青壮年；他会赞同卡莱尔评价兰姆的话，说后者的智慧是“小气市侩的智慧”。[2] 我们也不会得到“为智力而智力”的理念。这些作家对人性的兴趣和学生或思想家不同，他们的兴趣在生活，因此他们不会冰冷、精明、不带感情地分析人或事。如今我们最有能力的戏剧家也和他们一样热爱生活。若想创作伟大的文学作品，宽容的心灵和清晰的头脑都必不可少，我们已经忘记了这点，但古希腊作家们知道。在他们眼中，剧作家不只是构思情节、营造悲剧场景、编写优美韵文的艺术家，也不只是深刻剖析人物、研究境遇对人物影响、激发观众思考的思想家。古希腊作家关注情节，不是出于艺术或智力的考量，而是出于对人性的兴趣；

---

1 类比“想到修昔底德在占领安菲波利斯（Amphipolis）的战斗中率领七艘船前来营救，一面潦草记录战争（ὅς καὶ ταῦτα ξυνέγραψεν），我想到‘就像天堂里的一颗星’（come stella in ciel）。想象老哈勒姆（Hallam）持枪驻守一座圆形石造炮塔（Martello tower）。只有这样人才能写出好作品；只有这样文学才能受人尊敬；哦，阿尔弗雷德·丁尼生，若你有幸能经历这些！”菲茨杰拉德，*Letters*, 1. 233。

2 《卡莱尔传》（Life of Carlyle），2. 210。我在此处及上文说到兰姆的例子都以《伊利亚随笔集》（Essays of Elia）为依据。

他们花时间描述主人公真实遭遇的不幸，不只是为了制造戏剧效果。他
们从主人公的胜利和磨炼中看到了更多东西，因为他们记得，在台上移 171
动的角色是他们乃至全人类抗争的缩影。他们从角色的弱点、角色的受苦中看见了自己的影子。他们从角色的错误中吸取教训，从角色的不屈不挠中汲取力量。

这就是我对古希腊文化的第五点注释，即，古希腊人对“人类普世的激情、想法和感情”有浓厚的兴趣和广泛的同理心。这种品质来源于一种本性，这种本性帮助人维持完美的健康状态。只有健康的人才能体会这种品质，享受这种品质。考虑到这种品质的来源，我们或许能称它为“心理健全”（sanity），考虑到它的影响，或许我们可以用“主流性”（centrality）这类词来称呼它。古希腊文学有了这项品质，有两件事可以确定。首先，由于每个时代的人都有“人心”，因此古希腊文学永不过时。它永远不会有“全盛之日”，因为自从地球上挤满了人，它就一直处于全盛期。其次，古希腊文学永远不会陷入病态；这是一个崇尚思想健康和情感健康的文学流派；用柏拉图的话说，这是“一阵从零污染的土地吹来的风，带来了健康”。

上文提及的大多数特征都没有出现在古希腊诗歌黄金时期，它们出现在更晚的时代。严苛的批评家从欧里庇得斯的抒情诗里看到了“为艺术而艺术”的理念，并指责他为音律牺牲了意义。他们在淮德拉（Phaedra）和斯忒涅玻亚（Stheneboea）的通奸激情中发现了不健康且病态的兴趣。无可否认，欧里庇得斯比他的两位前辈更具批判思维，更像知识分子。埃斯库罗斯有德国人所说的“强烈印象”（Stimmungsbilder）；他的剧作惊险刺激，铿锵有力。索福克勒斯善于营造戏剧化场景。但欧里庇得斯更关注人物塑造，擅长问题剧（problem
plays）创作。这里必须提到阿里斯托芬对他智慧的评价，尽管这句话 172
远不足以概括他的影响力——阿里斯托芬认为他教导雅典人“去思考、观察、理解、怀疑不幸，质疑一切。”[1]“怀疑不幸”——这是萧伯纳和高

---

1 《蛙》，957。

尔斯华绥对现代英格兰人的教导之一。另外，请记住欧里庇得斯是古希腊第一个“学者型诗人”。他不曾带领军队，不曾指挥战舰，也不曾在集会上发言。他专心学术，过着隐士般的生活——后来描述他的人曾对他的这一特点做了形象的刻画。[1] 他的图书馆闻名雅典，人们习惯将他描述为“阴郁、严肃，厌恶社会”的人。[2]

一个世纪后，文学被交到了“学者型诗人”的手里。雅典时代已经逝去，在古埃及文明的阴影下，一位外国君主建立了世界上第一所大学。他建造了宏伟的亚历山大图书馆和博物馆；他建造了一个公共大厅，供受资助的学者用餐，还建造了一条长廊供他们交谈，一座剧院供他们宣讲。这是一所只有教授、没有学生的大学，古希腊学者和作家逃亡到此处，他们向外界展示，当品位良好的人将自己封闭在学术里，他会创作出怎样的诗篇。答案就是：对乱伦关系冗长的挽歌、卡利马科斯的赞美诗（措辞华丽，内核空洞）、忒奥克里托斯的田园诗（尽管十分优美，但缺乏生机，或说缺乏人情味）——这些作品诞生于异国，由学
173 识渊博的人创作，并受到独裁者赞助。它们诞生的时候，古希腊已经病入膏肓。也就是那时起，文学终于与生活分家，变成了一种消遣、一种职业、一门艺术。诗人不再是埃斯库罗斯、品达或欧里庇得斯的模样，而变成了这样一群人，他们既没有家庭生活，又不参与国家事务，又不进行健康人所需的户外活动（仅从他们的作品来判断），他们空有对文学的好品位。

在前面几页，我们似乎对某些大众认可的人物做出了颠覆、无理甚至无礼的评价。所以我们最好援引一段文字收尾，这段文字原是评价某部“为艺术而艺术”的代表作。我的援引无关褒贬；任何人都可以根据自己的品位解读它。

进入公元后不久，朗格斯（Longus）创作了一个虚构故事，讲述两

1 阿里斯托芬，《阿卡奈人》（Acharnians），406—09。狄开俄波利斯（Dicaeopolis）想从欧里庇得斯那里借些抹布，却无法让他从自己的书房——学校（οὐσχολή）——里出来。

2 《苏达辞书》（Suidas）。

个古希腊幼童生活在米蒂利尼附近某个理想化的纯净之国。但他这部田园诗风格的小说具有亚历山大时期文学的所有特征。M·阿纳托尔·法郎士（M Anatole France）对朗格斯的风格做出了评价，稍加替换几个词后，这段评价也适用于忒奥特里托斯和他的朋友们。“这部希腊小说里的赫洛亚（Chloë）从来不是真正的牧羊女，达夫尼斯（Daphnis）也从来不是真正的牧羊人。那个狡猾的希腊人向我们讲述这个故事，可他才不在乎牛棚或山羊。他只关心诗与爱。他想用一场感性而别致的爱恋去娱乐市民，于是他将故事安排在一个读者不会去的地方。他的读者都是拜占庭老白男，躲在自家宫殿深处，四周是镶嵌画和万贯家财。为 174
了逗这帮老古董开心，作者讲了这两个漂亮孩子的故事。”（La Chloë du roman grec ne fut jamais une vraie bergère，et son Daphnis ne fut jamais un vrai chevrier. Le Grec subtil qui nous conta leur histoire ne se souciait point d'étables ni de boucs. Il n'avait souci que de poésie et d'amour. Et comme il voulait montrer，pour le plaisir des citadins，un amour sensuel et gracieux，il mit cet amour dans les champs o uses lecteurs n'allaient point，car c'étaient de vieux Byzantins blanchis au fond de leurs palais，au milieu de féroces mosaïques ou derrière le comptoir sur lequel ils avaient ramassé de grandes richesses. Afin d'égayer ces vieillards mornes，le conteur leur montra deux beaux enfants... .）阅读这段文字的同时，请思考它的诞生环境与真诚的古希腊文学的环境多么不同，如果你还愿意阅读朗格斯那部田园诗风格的小说，请注意它和古希腊文学在风格上的差别。

这就是古希腊人文主义和现代人文主义的不同点。前者只关注人性主流的部分。所以古希腊文学不会空有华丽词藻，也不会沦为一台猎奇的木偶秀、一场怪异病态的梦魇或一道冰冷的智力难题。它像莎士比亚、司各特或歌德的作品那样，将真实的男男女女呈现在我们面前。它告诉我们生活由人的活动构成，而不是空想。它将生活化为一出戏剧（δρᾶμα），而不是一场奇观。它展现的生活不是幻想、问题剧或美的具象，而是——生活。这是古希腊作家超越我们时代人文主义者的一个方面。

以上就是我们时代的文人关注的东西，上述讨论不包括小说家、剧作家和随笔作家以外的人。现在我们必须转向讨论的第二部分，从文人转向普通公民，从梅特林克和高尔斯华绥转向路人甲和路人乙。我们见识了古希腊人文主义如何使我们时代的文学区别于古希腊文学，现在我们必须以类似的方法，追溯它对日常生活和普通人的影响。

现代社会默许，甚至期待志向不同、兴趣不同的人彼此隔离。它将学者关进书房，将科学家关进实验室，将商人关进办公室；它让诗人留
175 在梦里，让政治成为少数人的特权：士兵和水手只要热爱运动且能干好分内之事就足矣。若任何人离开了它分配的区域，它会好奇地盯着他，眼神里通常暗含反对意味。但要想了解古希腊生活，我们必须颠覆自身对自然和正确之道的认知，不再将人限制在一个集体里的特定职位上。我们必须想象勃朗宁和丁尼生在亚历山大港的炮火中打斗，就像埃斯库罗斯在萨拉米斯岛（Salamis）上厮杀，修昔底德在色雷斯（Thrace）指挥舰队。我们要想象张伯伦先生发动布尔战争（Boer War）后，亲自率领英国军队——在公元前五世纪的雅典人眼里，政客提议发动远征后就应该亲自上阵。我们要想象自己每月四次以上从日常工作中抽身，聚众商讨外交政策，为议会的预算或支出投票，同时每年两次前往国家剧院，一坐就是一整天，观看当时莎士比亚的悲喜剧目。我们要想象自己坐在西敏寺（Westminster）或大剧院时，身边是邻居和其他市民，从首相到我们认识的屠夫或杂货铺老板；我们不能抱怨（无论我们是不是预备军）自己突然被要求穿上铠甲，出征其他国家。总而言之，我们要想象一种多色多面、充满各种实践机会和智力挑战的生活。

多面性（manysided）和其他天性一样，深深根植于古希腊人的品性。指引古希腊人生活的首要准则就是格言“μηδὲν ἄγαν”，即“不要过
176 火”。这是一条原始而消极的准则。古希腊人显然是看到有人取得巨大成功后变得狂妄自负，或有人做事过了火落得悲惨结局，从而总结出这条准则。但该准则可以反证或推断出另一条准则：要全面看待生活，并

看到生活的每一面。

毫无疑问，我们从古希腊生活观的核心——人文主义——也可以总结出这条结论。你是人，那就做一个人。人的众多才能，等待着被开发，如果你要成为完美的人，就开发全部才能吧！人：人无所不能（Homo es：nihil humani a te alienum puta）。让每种事务都分一杯羹：让宗教、战争、政治、家庭生活、头脑和身体、国家和自己都分一杯羹。甚至让那些看上去有些危险的事情也分一杯羹。[1] 总体而言，人是清醒且理智的个体，那就日常保持清醒与理智。但人也有被喜悦或激情冲昏头脑的时刻，那就发明酒神节以发泄情绪，让那些日子成为激昂、狂喜、醉酒而不感到羞愧的时光。人有肉体欲望，那就允许欲望得到满足，但必须适量满足。不要禁欲，不要忽视或伤害人性；要让人性释放，但要让它各方面都得以释放，不能让哪方面欺压、贬低或干扰其他方面。

但这种生活方式显然会有负面影响。它能培养出高度文明的民族、 177
优秀的诗人、深邃的哲学家、卓越的历史学家，但也能培养出差劲的将军、蹩脚的政客、无情的商人。这种生活方式不利于社会效率，因为高效社会需要人人各司其职。更进一步说，这种生活方式有严重的道德风险。我们一直将“多面性”用作褒义词。朱文诺同样敏锐捕捉到古希腊

1　欧里庇得斯的《希波吕托斯》中充斥着这种思想。剧中的乳母建议淮德拉纵容自己通奸的激情，因为

> 正直完美的生活不属于人
> （467. tr. Murray；乳母完整的发言见 433 f.）

而且坚称

> “彻底”不能带来和平：
> “不要过火”才能终结麻烦，
> 许多智者会顺从它。
> （261—2，tr. Murray.）

不用说，欧里庇得斯不赞同乳母的话。

人的多面性品质，但他将它用作贬义词，认为它令人厌恶，因为它是古希腊人擅长左右逢源的根源。他这样描述自己在罗马认识的千面古希腊人：

> 一个千变万化的民族，没人知道该如何称呼，
> 他们能化作任何身份，在每种身份里表现出色：
> 语法学家、画家、辩手、修辞学家、
> 走钢丝的人、魔术师、乐手、医生，
> 野心勃勃的希腊人什么都勇于尝试：
> 就算让他展翅高飞——他也毫不犹豫！
> 如今舞台骄子不再，
> 吹嘘自己用特殊魅力吸引了时代；
> 整个国家与他们分享艺术的快乐，
> 希腊是一个剧院，所有人都是演员。
> 因为瞧呀——他们的赞助人微笑——他们就欣喜若狂；
> 他落泪——他们就颓靡不振，成为世界上最悲伤的人；
> 他想要火——他们就设法得到斗篷的温暖；
> 很暖和，他大叫——他们就不顾自己在汗水里溶化。[1]

我们可以从朱文诺的文字里看到多面性的坏处，即诡谲多变、性格不明。这种坏处在耀眼、多样化的古希腊智慧里潜伏已久。古罗马人确实了解古希腊人晚期的模样，那时动荡的政治环境使古希腊人基因里的缺陷开始蠢动，就像疾病会引发人体内部的感染。但雅典很早以前就注
178 意到了自己的缺陷，彼时阿尔西比亚德还是雅典子民，柏拉图对所谓“民主分子”（democratic man）的描述恰恰就是对多面性害处的深刻分析。多面性是古希腊受到的诅咒。

“他将建立起各种快乐之间的平等，在完全控制下轮到哪种快乐，

1 *Sat*. 3.3 74—8，98—103（tr. Gifford）.

就让那种快乐得到满足，然后依次轮流，机会均等，各种快乐都得到满足。事实上他一天又一天地沉迷于轮到的快乐之中。今天是饮酒、女人、歌唱，明天又喝清水，进严格规定的饮食；第一天是剧烈的体育锻炼，第二天又是游手好闲，懒惰玩忽；然后一段时间里，又研究起哲学。他常常想搞政治，经常心血来潮，想起什么就跳起来干什么说什么。有的时候，他雄心勃勃，一切努力集中在军事上，有的时候又集中在做买卖发财上。他的生活没有秩序，没有节制。他自以为他的生活方式是快乐的，自由的，幸福的，并且要把它坚持到底（郭斌和、张竹明译）[1]。”[2]这就是朱文诺的意思，不过作者比他晚生了五个世纪。

我们一开始赞美多面性，但似乎最后开始诅咒它。可以确定的是，
我们前文所谈的不会改善英国商人对古希腊人的看法。但多面性绝不是
一项微不足道或普通的品质；它对我们的现实生活有重要意义。雅典最
突出之处就在于它提供丰富的机会。在雅典，你会发现一个人在不同时
间做不同的事，要么坐在工匠的长凳上听《酒神的伴侣》，要么在公民
大会上投票，要么在神庙里祭拜，要么作为士兵征战沙场，要么作为陪
审员出现在法庭上。我们当然无法复兴那个诗人即士兵、政客即将军、 179
所有男性都是议会成员的古希腊世界，我们也不希望那样做。但我们可以试着学习那种精神。无论那种生活方式存在怎样的弊端，它都不会像现代社会那样对人进行讨厌的分类。于是没有人会被行业或谋生手段限制；一个人首先是人，要发扬自身天赋，享受人性需要的乐趣。工匠不会沦为机器、劳工或苦力。士兵、商人和文人不会在专业领域里变得狭隘。历史学家在公民大会里学习政治，在军营里了解战争。诗人和哲学家在书写或说教人性前，先和人性进行亲密接触。如果这个世界偶尔会暴露多面性的弊端，人们开始变得朝三暮四，做什么都无法长久，多面性带来的益处也将弥补所有害处。古希腊式生活的五光十色永远吸引着我们；但五彩的最高级形态是变成一道“永恒的白光”。

1　译文引自《理想国》（商务印书馆，1986年出版）。——译者注。

2《理想国》，561。

论述到了这个地方，让我们对前文做一个回顾。我们最初的目的是抓住古希腊文化里最核心的元素，将它们拆解开来，不刻意为它们建立联系。我们就这样分析了古希腊人的审美、自由、直率、人文主义、多面性和心理健全。随着论述进一步推进，我们发现这些品质并非彼此独
180 立，而是彼此联系，且相互促进发展。或许古希腊人的审美是独立存在的，但其他几种品质就如一串珠链，环环相扣，自由和直率分立两端。古希腊人的自由奔放外露，常被人诟病；而他们的直率由内而发，总被人赞美。这些都是古希腊人之所以成为古希腊人具备的品质。古希腊人的生活观不受宗教或政治暴君控制，也因为他们“直率”地看待世界，所以他们变成了人文主义者。这是因为他们直率地观察人，看到了人在这世上最明显存在、最真实的东西。由于古希腊人是人文主义者，因此他们具有多样性。当你看着人，你会发现人显然是多面的，要想对人公平，就必须让他发挥他的多面性。由于古希腊人直率看待人，因此他们心理健全。当你直接看向人，你会发现内心深处，他不是叶芝先生笔下的库卡林，也不是王尔德笔下的莎乐美，而是——一个人。

没有哪种热情比建立一整套体系的热情更糟了，或许最好还是将这些构成古希腊智慧的品质当成优秀的个体，而不是试图将它们归结为一个来源。但我认为自己有资格谈一谈“直率”的品质。这是每个古希腊人都拥有的品质。修昔底德、亚里士多德和德摩斯梯尼不曾展现出超常审美。阿里斯托芬、希罗多德和荷马对道德伦理的热情并不突出。但几乎每位古希腊人都享有直率的品质。它在最典型的古希腊人身上表现最明显，在所有古希腊著作中都有体现。还有，它是古希腊文学真正的秘密所在。古希腊文学之所以美，就在于它能生动准确地展现某种情感，清晰完整地重现某个事件，令人身临其境。它拥有的厚重与深度，都要归功于作者直面生活，忠实写下所见的种种天赋。

第七章　一些例外和柏拉图

我们眼下打造了一个古色古香且宽敞的棚子：它的形状是六边形， 181
六面墙的名字分别是美、自由、直率、人文主义、心理健全、多面性。我们将牛群赶进去。它们待在那里似乎舒适又安全。没有哪头牛被遗漏在外面，尽管个别几头牛有些叛逆，大多数进去时都没有反抗或踢人。这就是对付愚笨生物或死物的好处：它们不会回嘴。如果它们会说话，很可能就不那么温顺了。

毫无疑问，当我们为古希腊文化加注，对它各个方面进行规整、联系或调整，强迫古希腊人走进去，严禁队伍散开时，读者可能会觉得这种系统化归类过于刻意，认为古希腊文化也会有些不属于主流的异类。因为，虽然古希腊文化留给世界最宝贵的遗产是清晰、自由、理性的精神，即我们现在说的“随性”(παρρησία)、人文主义、直率、多面性，但这种文化还留下了另一种精神。如果我们要评论马修·阿诺德这类作家，我们要承认，虽然他受古希腊影响深远，还发表过不少对古希腊的真知灼见，但他在评价古希腊智慧时功亏一篑。因为他以为古希腊智慧永远是冷静、理性的智慧，没有看见它偶尔还有另一面。古希腊人
向人们展示如何信任自己的本性，过一种简单而有人情味的生活，直面 182
世界，看见事物表面的美，但一部分古希腊作家选择传授不同的东西。

他们不教我们直率，而教我们看破事物“欠缺想象力而实在”的品质，观察它们的第二层含义、深层的象征意义。他们不教我们自由和人文主义，而教我们质疑我们的本性，看见它脆弱无助的一面，看见它无法治愈的患处，最终超越人性，与神交流，更多地为了来世而非现世而活。

我们现在必须关注这种独立思想：不花太多时间，原因有两个。首先，它不是古希腊文化的主流，处于次要地位。其次，这种思想在伟大的基督教思想家身上体现更明显。虽然只有在古希腊人身上，我们能找到完美无缺的直率、人文主义与自由精神。为了论述生动，我们最好将这种非古希腊精神放在某位作家的名字下讨论，这位作家是伟大的传世作家，各方面都完美代表了这种精神。

有些人可能会惊讶于这位作家是柏拉图。很久以前，罗德（Rohde）就表明柏拉图精神是古希腊出现的另类现象，[1] 在他之前，也有
183 其他作家说过类似的话。但学生阅读经典时，在语法或文本学习之外，往往是以崇拜者而非批评家的身份进行阅读，很多人就算上过很多节古典学（Literae Humaniores）的课，也没有发现柏拉图几乎与所有同侪间都隔着巨大鸿沟。并且鸿沟一直都在：尽管柏拉图在无数方面都是典型的古希腊人，他最出众的思想却是违背主流的，如果古希腊文化是一门迫害成性的宗教，他迟早会被送上火刑柱。尼采公正地指出他是古希腊最早的传统反叛者之一，并用一个难听的德语词称呼他：“基督徒之前的基督徒”（präexistent-christlich）。我们很快就会发现，从我的归类方法来看，他经常不直率，也不崇尚自由，也不是真正的人文主义者。让我们逐一分析这三点品质，看看他在哪里做出了创新。

我们在前面章节提到过，无论古希腊人谈论什么，他都喜欢关注事物“欠缺想象力而实在的品质”，去“关注表面特征”，“看见事物赤

1 我对俄耳甫斯主义、永生以及柏拉图“另类性”的看法都来自他的著作 *Psyche*。不认识柏拉图的人需要注意，本章只介绍了他的其中一面，因为我尽量不把本章写成他的传记，而是阐释他的特定思想。当然了，他的极端理念——比如关于身体的——只在部分谈话里体现；我们论述非希腊品质时引用了《会饮篇》，但该作在很多方面都是最典型的古希腊文学作品。

裸的样子”，“脚踏实地”，“远离神秘主义”，言物做事“具体而确定”，“看见事物本身”，简而言之，就是“直率”。

大多数时候，柏拉图与荷马或其他古希腊人一样直率，哪怕在他本可以有不同看法的事物上。《斐德罗篇》里有一段著名的景物描写，常常被人引用，以证明古代作家的特征，即看待自然时严肃而不带感情。[1] 不管柏拉图对来世的看法是受到什么影响，当他向我们介绍来世时，他的描述毫无疑问具体、确定、不故作玄虚，远超《启示录》（Apocalypse）的作家。《理想国》里对塞伐罗斯（Cephalus）的描述，《普罗塔哥拉斯篇》（Protagoras）里对卡里阿斯（Callias）家的展示。最 184
重要的是，在记载苏格拉底时，苏格拉底没有妄加评论或多愁善感，而是向我们展示朴实的事实，让事实打动我们的情感——柏拉图在这点上拥有绝对的直率。在其他事件上也大体如此。

但有些时候，他的做法截然不同，读过《伊安篇》（Ion）、《会饮篇》和《斐德罗篇》的人应该都有印象。拿第一篇谈话录举例，注意柏拉图的诗歌理论。毫无疑问，哪怕在黄金时期最直率的作家笔下，诗人也会是神秘主义者，但作者也可能用不太神秘的手法描写他们，比如华兹华斯的《一位诗人的墓志铭》（Poet’s Epitaph）。

> 他已经细致观察，
> 天地坡谷的外形，
> 那生命诞生之源的推动力，
> 光临了孤独中的他。
>
> 包围我们的普通事物中，
> 随机蕴含着他可传授的真理；——
> 一个宁静的眼神，
> 揭露他内心的沉思。

---

1 《斐德罗篇》，230。

这首诗很直率；这些诗句将诗人的力量归功于诗人，诗人的力量显然属于诗人，没有人会质疑这点，华兹华斯也是这样写的。但很多人会质疑柏拉图所写的诗人是“轻盈、长羽翼、神圣的东西”的真实性，在柏拉图笔下，诗歌最初并不存在，直到诗人受到启迪，超越理性，直到上帝“拥有”诗人，将他用作喉舌。[1] 在这里，柏拉图和华兹华斯分别描写同一样事物，柏拉图很神秘莫测，华兹华斯则很直率。

185 《斐德罗篇》里有一个更好的例子。在前面章节里，我们将古希腊文学视作一个整体，认为它以尽量少的神秘主义观点看待爱，描述爱的表现和影响时，没有任何意图挖掘这些表现和影响间的隐含关系，或让它们变成符号或超越现实的存在。但我们找到了一个例外。这个例外就是柏拉图。人类都离不开爱这种强有力且惊喜的情感，而他试图将这种情感和前世的神秘主义体验联系起来。他认为未降生的人类灵魂与宙斯及众神搭乘同一辆列车，驶过天国。在那里他们瞥见了伟大的真理，瞥见了终极之美、终极正义、终极节制、终极知识，随后掉落人间，囚禁在肉身里，从此降生为人。于是，当人在世间遇到美，他被囚禁而凋零的灵魂就会复苏，重新焕发光彩，再次忆起降生前看见的终极之美的景象：这就是爱。因此爱是神和人之间的媒介，是对美（也是好）的事物的渴望，是对天国里神圣杰出之物的追求，简单而纯粹。[2]

在萨福笔下，女主人公坐下看着爱人，感受到灵魂的骚动，我们离这种骚动很远了。安德洛玛刻从儿时起就喜爱英勇智慧的丈夫，我们离这种喜爱很远了。索福克勒斯笔下的女神有很多名字，激励人们一会儿向恶，一会儿向善，我们离她很远了。爱让这些作家描绘出更广阔、更美好的土地，但他们依然留在地上。而爱让柏拉图腾空飞向天国。我们或许赞同他的做法，认为他让爱变得崇高，剥去了爱世俗的一面。但我们不能将他的言论与荷马、抒情诗人、欧里庇得斯或任何同代人相提并

1 《伊翁篇》，534。

2 《斐德罗篇》，247—51。

论。他属于新世界，那里有但丁和勃朗宁，有神秘主义诗人，有病态的 186
爱。不管柏拉图在这里的位置是什么，他绝不是直率之人。

在自由的问题上，柏拉图同样抛弃了古希腊人的理想，更准确地说，抛弃了他所属的爱奥尼亚人的理想。如我们所见，伯里克利认为在雅典，一个人应该享有思想自由、言论自由和行动自由。他全权信任独立、不受限的人性，怀着单纯的信念，认为人之本性就是做正确的事，走正确的路。他认为他的公民有敬畏之心，渴望名声，对国家虔诚（这个国家是如此辉煌宏大，以致需要人们的“虔诚”）。这是爱国主义的坚实保障，建立政体的牢固基石。[1]

设想若柏拉图的思想主宰了世界，我们将过着怎样的生活。我们将出生在一个共产婚姻的社会，永远不知道父母是谁。我们将在国家托儿所里度过幼年时光，在青少年时期，有人将仔细审查我们的品质，等到成年，我们将定型为柏拉图提出的三大阶层之一：劳动阶层、军队阶层和统治阶层。若进入最低层、最不受尊重的阶层，我们或许能随心所欲。若进入其他两个阶层，我们将像“营地里的士兵”那样过集体生
活。根据斯巴达祖先的传统，金和银的使用将被禁止。私人财产是不合 187
法的。我们的房子将向世界敞开，我们的妻子可能每一季度一换，我们的孩子也是邻居的孩子。因为柏拉图坚持绝对的共产主义，只要我们拥有任何私人物品，他都不肯相信我们是无私的。[2]

这就是柏拉图对理想城邦的规划；但他意识到这在地球上不可能实现，只可能存在于天国，成为立法者可望不可及的社会模式。于是他在《法律篇》里描绘了第二等城邦的模样。在这里，他允许我们拥有私人财产，组建家庭，但共餐制将延续下去，金和银依然是违禁品，个人财富将受严格限制，一系列小型规章制度将被执行。但人类除了纯粹的物质财产，还有更伟大的财富，而处理这些财富时，柏拉图绝不心慈手软。在他的国度里，无论人们能否拥有私人财产，没有人的头脑是自由

1　修昔底德，2. 37. 3；40，1；43. 1。

2　《理想国》，415—17。

的，没有人的灵魂属于自己。柏拉图为所有人规定了道德和宗教里的真理，并将这些真相编写进法律里，一个音节也不漏。他设立了特定的神学和伦理教条，并将它们严格地执行在所有公民身上。“神存在，他们关心人类，祈祷或献祭无法安抚他们。”[1]“美德永远是令人愉悦的，恶行永远是悲惨痛苦的，你们不能说恶人会快乐，或好人会遭受痛苦。”[2]

上述世界观宏大且基本理性，但尽管这张网有较大的网眼，它依然是一张网，且柏拉图决心不让任何人通过。“对任何敢说坏人可以过上
188 幸福生活的人，我将严厉惩罚；还有其他很多事项，我将让我的公民说出和现代克里特人或古代斯巴达人不同的话，甚至可以说，和世界上大多数人不同的话。”[3]奴役从十岁开始，有人教给孩子们特定诗篇，让他们形成特定价值观，接受柏拉图不知出于何种目的而写入法律的各种布道。柏拉图清楚地知道观念一旦在头脑里形成就很难以磨灭，当他看到同辈雅典人轻而易举就相信了那些匪夷所思的神话故事时，他就明白了“立法者可以说服年轻的头脑任何事物，所以他只需思考并找出最符合大众利益的信仰，然后用尽全部力量，让整个群体在歌曲、传说和演讲中使用同一个词，终生如此。”[4]这将带来智力独裁，而所有可以瓦解它的力量都被规避了。诗人被迫为教条唱赞歌，若敢批评将受到严厉处罚。出国旅行通常是瓦解本国传统的好方法，但四十岁以下的人禁止出国，四十岁以上也不能以个人名义出国。但国家偶尔会派几个精心挑选的人出国，他们出行的目的是，回来告诉年轻人其他国家不如我国。[5]在国内，一个拥有不祥名字的组织——夜间委员会（Nocturnal Council）——将通过间谍严密监测异端的兆头。这个委员已被国家目标彻底洗脑，了解既定神学体系的内容。如果，还是有某个激情荡漾的灵魂——古希腊版的乔尔丹诺·布鲁诺——选择反抗法律、传统和诗

1 《法律篇》，885。

2 出处同上，662。

3 《法律篇》，662。

4 出处同上，663，664。

5 950.

人，在真理之泉被封印的情况下，用一汪泥水解决对知识的渴求，并开
始反对宗教，宣布世上没有神，柏拉图也早有准备。某个听说这种亵神 189
行为的人会打小报告，反叛者会被送到劳改营（House of Reformation）
服刑五年，切断与所有人的交流，除了与夜间委员会的交流，“目的是
改善灵魂的健康”。待服刑期满，若他仍不悔改，后果就是死刑。这是
为人品诚信、道德优良的异教徒准备的刑法。若有人在家里集体祷告，
留下了异教的把柄，他还将面临其它惩罚。若是品德恶劣的无神论者，
他可能会被立刻处死，或流放到边境外。[1]

柏拉图真正想推广的品质是高尚，但世界永远会通过改革而抛弃他
的做法。他的这种力量太容易被用来反对不该反对的人——正如格罗特
（Grote）所言，一旦柏拉图推广这种法律，就连他的老师苏格拉底本人
也可能被处死；就算在这种法律成功运作的地方，他们打造出的美德也
会像熟石膏，在出炉瞬间变得僵硬易碎；[2] 他们很快会让最本性向善的人
处于尴尬位置，并采取不齿的应对措施。当人们发现柏拉图推荐立法者
使用“高尚的谎言”，偶尔策划要“出于好心向年轻人讲一些有用的谎
言”，很多人认为他误入歧途。[3] 但不管怎样，这种通过教育和监管，甚
至在必要时诱骗人们培养美德的强迫性纪律，绝对不在修昔底德或伯里
克利梦想的自由里。它或许在情理之中，或许是“生活的残酷真相”； 190
但它是古希腊理想动摇的开端。

现在来看我们心中柏拉图偏离古希腊正道的第三点。传统的古希腊人是人文主义者，这点体现在，观察人类时，他看到的实际是一个本性为善，肉身和灵魂同样出众的生物；观察生活时，他让生活成为万物的尺度，重视俗世的成功或失败，不关心来世。这两个观念彼此关联，柏拉图否定了第一点，最终也否认了第二点。

首先，他打破了早期古希腊人身心合一的原始观念。他在这块纯金

---

1 《法律篇》，907—10。

2 一个现代例子是巴拉圭国（Paraguayan State），耶稣会（Jesuits）在那里统治很成功，但还是被赶下台了。

3 《理想国》，414；《法律篇》，663。

中发现了合金的色泽，在表面容光焕发的健康中，找到足以危害整体的恶性肿瘤，认为若不将其除掉，人将被慢慢摧毁。事实上，他借用了希伯来人的原罪的教义。

传统古希腊人是如此看重肉身，柏拉图却将其视作邪恶之首。[1] 确实，柏拉图偶尔会以地道的古希腊精神谈论肉身，会因年轻的卡尔米德（Charmides）和吕西斯（Lysis）而陷入现代人看来有些多情的狂喜，会将一张英俊的脸称作“神圣美的表达”。[2] 但在其他地方，他对肉身的说法截然不同。他会竭尽词汇创造修辞，表达对肉身的嫌恶之情。肉身是困住我们的牡蛎壳，锁住我们的脚铐，欺骗我们的庸医。它大声索要食
191 物，用疾病拖累我们，让我们屈服于性欲、恐怖和幽灵，诱导我们寻求金钱，用这些来浪费我们的时间，并以此将我们卷入纠纷、内讧和战争中去。“哪怕我们在闲暇时间，致力于思辨，肉身也总会打断我们，在我们探究时引发骚动和困惑，程度如此惊人，以致使我们看不见真相。”

从这些前提出发，柏拉图不可避免地得出了禁欲主义的结论，否认了早期古希腊文化里的观点，认为一具充满错误、恐惧、性欲的身体不可能转化为高尚的东西，弱点也不可能建成美德的神庙。我们不能毫无希望地试图控制邪恶，我们必须远离它，“在生活条件允许的情况下，尽量远离肉身”，“使它蒙羞”，压抑它，总而言之“让生活变成一场对死亡的漫长研究”。[3] 这些想法在荷马和索福克勒斯听来该多么奇怪！清醒、世俗的亚里士多德会觉得它们多么怪异，鉴于他自己教导人们幸福就在人的一生中，死后将不复存在，以及大笔财富、良好出生、俊美外形和较长寿命对幸福多么必不可少！[4]

以此为主体，柏拉图推翻了古希腊教条里的第一点。他很快发现自己必须推翻第二条。人文主义无法满足在人性里发现致命缺陷的人。如

---

1 在《法律篇》，896，他认为一共有两个世界魂（world-souls），一个会招致邪恶，一个会带来善良。

2 《斐德罗篇》，251。

3 以上句子引自《斐德罗篇》，65—7；《斐德罗篇》，250；《理想国》，611。

4 《尼各马可伦理学》，1.11。

果人被和某种本质邪恶的东西捆绑在一起，并且只要他在尘世就无法解脱，那他的幸福一定不在这种邪恶的东西上。如果肉身是人一生的锁链，不断擦伤灵魂，那我们的希望必须寄托在来世，在那里我们可以
从肉身中解放。没有人比他更清楚地传达过这点。“如果我们要拥有关 192
于某事的纯粹知识，我们必须摆脱肉身——灵魂自己必须看到事物的本质：然后我们将拥有我们渴望并热爱的智慧：不在活着的时候，而在死后：因为，在与肉身相伴时，灵魂无法拥有纯粹的知识，一定会是以下两者其一——要么没有完整获得知识，要么在死后完整获得知识。因为在那时，只有在那时，灵魂才能与肉体分离，独立存在。”[1]

这显然是与众不同的信条，它让柏拉图进一步得出结论，这些结论可能会更加惊吓到同辈人。柏拉图督促人们远离政治生活。这点足以打倒同时期希腊大多数哲学家，为数不多剩下的，是那几个离群索居的哲学家，他们有些体弱多病，有些选择谴责或忽视自己所在城邦的政治。[2]对剩下的这几位哲学大师，柏拉图又在另一篇文章里对他们做了一番描绘，那种描绘在我们看来既可憎又可鄙，对古希腊人一定更为甚。想象接下来的句子会在一个人人皆为议会成员、个个参与政治生活的城邦里引起多大众怒。“他们（哲学大师）从年轻时就不了解通往集市的路：他们甚至不知道法院、议事厅或其他公众集会地点在哪里。他们看不见被写下的法律，听不见被诵读的法规。他们对政党的决策会议没有半点
激情，对他们的集会或晚宴也没有兴趣。他们不了解社会上的成功或失 193
败事件，正如不知道大海里有几品脱水。这种哲学家甚至意识不到自己的无知。他保持冷漠不是为了获得名声；真正的事实是，他只有肉身安然处于雅典，他的头脑看着公众话题，认为它们微不足道，然后忽略它们，转向任何地方，用品达的话说，上抵苍穹，下达黄泉，既测量土地，又观察天象。他四处探究万物作为一个整体的本质，对身边的事务不屑一顾。”[3]

1 《斐多篇》，66。

2 《理想国》，496。

3 《泰阿泰德篇》，173。

这篇文章本身有些误导人，因为柏拉图在谈论他鄙夷的古希腊政治。毫无疑问，若他理想中的城邦得以建立，他会允许我们（若我们是哲学家）统治它。他认为人类进行智力冥想才是最高级的生活形式，他每一条思想深处都埋藏对政治的极度厌恶。他对米太亚德（Miltiades）或伯里克利的评价不比他对于其他同时代的政治家的评价好多少，在一篇文章中，他甚至说在一个“都是好人的城邦，如何避免从政会和当下如何积极从政一样成为争论焦点”。[1]

柏拉图已经对肉身丧失了信心，抛弃了俗世，现在他必须找到另一个地方歇息，否则会再度堕入无助的悲观主义。对柏拉图这类人来说，生活是一个凄惨的悖论，因为他被囚禁在扭曲本性的肉身里，活在他无法适应环境的世界里，永远在冥思苦想，周围是各种障碍干扰，阻止他触及理想中的善。于是柏拉图向天国求援。在那些几乎让
194 他动容的谈话里，在运用所有对话的力量支撑真理和正义后，他会在结尾部分放下说理，转而描绘一个来世。那里不像现世，美德会被善待，恶行会被惩罚。它比荷马的冥府更具体，甚至比《启示录》里的新耶路撒冷更具体。柏拉图向我们描述了它的地理环境。他说到那里有滚烫和冰冷的泉水、翻滚的火焰和泥浆、沸腾的湖，说到四条大河：大洋河（Oceanus）、冥河（Styx）、火河（Pyriphlegethon）和呜咽河（Cocytus），说到这些河流汇入的巨大深渊达达尔斯（Tartarus），说到遗忘溪流，说到天青石般黑蓝色的地方，荒凉而阴森，说到草木不生的赤热荒地。所有人死后都会来这里接受审判，前往审判结果分配给他们的命运归宿。前方的路引向一条地道，一旦罪人接近就会发出怒吼：狂野、燃烧着的人抓住他，将他拖过荆棘，鞭打他，将他抛进达达尔斯，他再也不会出来。罪行稍轻的人会在炼狱里遭受一年折磨，再“被翻滚的浪花抛出来”，抛进苦河（Acherusian lake），在那里他们乞求他们曾对不住的人的原谅，如果他们得到了原谅，他们就可从折磨中被释放。但圣人“从肉身监狱获得解放，前往天上的圣洁家园”。柏拉图同样描

1 《理想国》，347。

绘了天上的世界；他说到那里的花草果木、珍奇的石头、美妙的光和色彩，还有神庙，人在庙中可以听见天神，看到天神，并与天神交流。[1]柏拉图承认，这种对灵魂和灵魂宅邸的描述并不“完全真实”。但由于有证据证明灵魂是不朽的，有理智的人“或许会敢于相信这些描述某种程度上是真的，这样想并不是错误或可耻的。”[2]

现在我们明白柏拉图为什么被称作“基督徒之前的基督徒”——他 195
是生不逢时的基督徒。他的思想哪怕不算超前的天主教教义，也算得上超前地指导天主教不断发展的核心原则，算得上天主教实践活动的重要组成部分。他的同胞坚持人性本善，并认为知识和训练可以纠正人的错误。柏拉图认为人的内心有无药可治的邪恶因子，只能被神的仁慈治愈。柏拉图的同胞坚持外形美是最值得渴望的——柏拉图自己认为肉体会干扰灵魂，往往会使灵魂变得冷酷无情。他提到在现世压抑肉体，并在来世永远摆脱它；他教导人们规避虚荣和感情，甚至远离政治和公共生活，投身于关于神和拯救灵魂的冥想中，保持与世界隔离的状态，维持禁欲主义生活，并为它正言，直到柏拉图的话流淌在基督教隐士的血液里。柏拉图的同胞将目光集中在俗世上，做好了死后面对毫无希望的冥府的准备。柏拉图让他的学生向往来世，期待即将到来的审判，一个人会被判往天国、地狱或炼狱，去遭受折磨或接受嘉奖，一切取决于他生前的行为。柏拉图的同胞对人性充满信心，他们希望摆脱束缚人性的镣铐，因为相信人性能向善弃恶。柏拉图替他的国人发明了一套比中世纪还要死板的政治体系、一系列和中世纪同样不可动摇的教条、一座几
乎和中世纪同等严苛的异端裁判所（Inquisition）。原罪、禁欲主义、来 196
世的思想、严格的权威——这些都是柏拉图早于中世纪教会的地方。

柏拉图的创新下隐藏着某种精神，它和基督教教义确实有相似之处，那就是对人的全然不信任。柏拉图对人性很严格，十分担心它的未来，因为他有种感觉，人性只有小部分是正面的，不能信任人会自

1　上述细节描述来自《斐多篇》，110—14，还有《理想国》，615。

2　《斐多篇》，114；比较《高尔吉亚篇》，527。

己履行职责，除非诱惑已被扫除，人们被带到美德面前。“很小一撮人，我亲爱的克雷里亚斯（Cleinias），”他在《法律篇》里说，“很小一撮人——他们极少是天生的，更多是理想教育的结果——能在受到需求或欲望攻击时坚持节制。大多数人恰好相反。”[1] 事实上，人类不仅不拥有智慧或善良，还憎恶愿意帮助他们获得这些美德的人。柏拉图将人类比作洞穴里的人，他们背对光坐着，以为面前的影子不是影子，而是实物。但当哲学家来到他们面前，试图解放他们，带他们走出洞穴，走到阳光下，他们却大发雷霆，将哲学家处死，回到最初的黑暗中去。[2]

无论柏拉图对人性的看法是否正确，人性绝对是世上最大的未解之谜之一。柏拉图在写作中绝非不关注人性，他在作品中条理清晰地探讨人性。那些不同意柏拉图的人会争论道，考虑到柏拉图的过往，以及他所处的时代，他的悲观主义完全可以理解。柏拉图见证了雅典的衰落，见证了苏格拉底的死刑判决，他的政治随笔并不成功，他满怀悲痛与怨
197 念。当他看向雅典的民主，那摧毁他国家、杀死他老师的民主，你还会奇怪他认为人是一个毫无希望的种族吗？可能有人会坚持说，他的信仰只是因为内心受挫才蒙上阴影，若他早一个世纪出生，他的想法或许会不同。但也有人认为柏拉图的出现正逢其时，让他精准地看到了世间真相，那他的前辈思想家们忽略的真相。他们敬佩柏拉图的洞察力，是柏拉图第一个察觉到了人性里的致命缺陷。他们因柏拉图将人类未和解的灵与肉对立，而称赞他为圣保罗的先驱，称赞他超前于帕斯卡尔的“高贵”（grandeur）和“下贱”（bassesse）的永恒悖论。我们这个时代很可能会反对他。这个时代发展很好。赚钱很快；教育和娱乐都很便宜，科学解开了很多谜团；野蛮人和革命都很罕见；所以当下我们正迎骑着人文主义高歌猛进，对人性持乐观态度，快速走在通往来世的漫长道路之上。我们是否正确？这个问题要留给每个人自己解决。若我们愿意等待，时间会替我们解答。可以注意到，柏拉图提出了同样的问题，并做

1 《法律篇》，918。
2 《理想国》，514—17。

出了和基督教教义相同的回答。

我们目前为止都在谈柏拉图，仿佛它是古希腊信仰唯一伟大的反叛者，或许我们这样认为自有道理，因为他是异端中最杰出的代表。但对于那套阴间的理论，他只是传话的喉舌，而不是原创者。他是俄耳甫斯崇拜在文学界的先知，这种崇拜始于公元前六世纪的色雷斯，谈论永生和重生、与神的亲密联盟、为先驱准备的天堂、为罪人准备的泥潭，将禁欲主义和纯洁宣扬为升入天堂的路，同时也为即将跌下地狱的信徒做了详尽指引，这点不知怎地，和古埃及的《亡灵书》（Book of the Dead） 198
有异曲同工之感。

如果有人进一步了解俄耳甫斯主义，梅耶的《古代史》（Geschichte des Altertums）、上文引用的罗德作品皆对该主义的信仰做了优秀总结；德特里希（Dieterich）在《冥府》里描述了俄耳甫斯主义和基督教来时论的关系，哈里森小姐在《希腊宗教研究导论》（Prolegomena to Greek Religion）里对俄耳甫斯主义做出了有趣甚至是狂想曲式的记载。在这里，我们只引用一篇文献来简要证明俄耳甫斯主义影响力之广泛。有些人如此渴望来世，而国教给不了他们希望，用欧里庇得斯的话说，他们"厌恶了空想地下未知的光明世界"，[1] 转向俄耳甫斯主义的承诺时如释重负；除了柏拉图，还有两位伟大作家被俄耳甫斯主义深深打动，还有很多作家在作品里影射它。品达提到恶人如何在一片"浓稠黑夜喷出无尽黑暗"的土地上遭受惨不忍睹的折磨；他还提到，英雄死后会在阳光明媚，种满深红色玫瑰的岛上赛跑、摔跤、舞蹈，并且，

在高处在耀眼的火焰里
向神混合所有气味。[2]

毕达哥拉斯全身心奉献给了俄耳甫斯主义。或许它的影响早在《奥

1 《希波吕托斯》，194。
2 frs.，130，129. *Ol.* 2. 61 f.

德赛》第十一卷描述冥府时就产生了。它的教条影响了欧里庇得斯的《酒神的伴侣》，还有他最后一部剧作《克里特人》(Cretans)；那句经常被模仿的台词，

> 谁知道，或许生就是死，死就是生。

显然受了俄耳甫斯主义的影响；[1] 阿里斯托芬在他的《蛙》里戏仿了俄耳甫斯式阴间。

199 俄耳甫斯主义不是古希腊唯一关注来世的教派；厄琉西斯的（Eleusinian）神秘主义提供了相似的教义，吸引了大批信众。他们的道德和精神层次无疑更低。他们要求的纯洁只体现在仪式上，高级妓女会参加他们的典礼。最高级的领袖同意他们的教义中没有象征主义，他们不是在让信徒远离俗世，而是让他们永远舒服地待在那里。“他们通过图画和描述成功传达了自己的意思和情绪，他们世俗的价值观没有彻底远离对来世的渴求，却也没有完全背离那古老而坚不可破的古希腊文化的生活本能。”[2] 但神秘主义者依然是远离人文主义的一股力量，因为他们将人类的头脑引向了来世。同时，即便没有他们，只看俄耳甫斯主义，我们也可以在古希腊找到足够多来世的思想。他们是否足够推翻古希腊智慧来自人文主义的看法？

在回答这个问题之前，我们必须再次重申，任何适用于人性的规则都有例外，但它们不一定颠覆规则。针对上文探讨的问题，若我们仔细审视那些例外，就会发现它们并没有看上去那么严重。可以说有些是受到别国影响。俄耳甫斯崇拜和酒神崇拜都来自古老的色雷斯异教；最浪漫的古希腊戏剧《酒神的伴侣》是在色雷斯写成的，那里的风景和原始野性的宗教都有可能影响诗人的同理心。但任何一种情况下的例外都很少，且符合规则的情况远比例外多。从头至尾，前者作为贯穿古希腊文

1 fr.，639.

2 罗德，前引书，1，300（ed. 1902）。

化的线索存在，后者则是偶尔出现的意外。大多数人是直率的人文主义 200
者，少数不是。那些少数分子也只是偶尔打破规则，大多数时候依然遵守规则。新喜剧、忒奥克里托斯、波力比阿斯、《希腊选集》和琉善展现出和荷马同等的人文主义和直率。亚里士多德和亚历山大港的文人也基本如此。欧里庇得斯或许写过几首浪漫诗，但也创作过无数首符合国家传统的诗歌。

以永生和俄耳甫斯主义这两个关键词为例。传世的古希腊作家里，品达不相信任何与来世有关的东西；尽管熟悉他诗歌的人会质疑这种信仰能对他造成多大影响。柏拉图却是来世理论的狂热信徒，但就算是他，也会在某些时候嘲笑死后奖惩的想法，[1]而且——若苏格拉底在《申辩篇》(Apology）里发表他的看法的话——也不确定死亡通向永生还是长眠。[2]除去这两位作家，主流古希腊价值观是，要么对个体永生一无所知，要么只知道它将带来极乐或折磨。人死后是绝对灭亡还是开始阴间生活，这是我们看到的其他古希腊文学作品纠结的地方。柏拉图的后继子弟也是如此。柏拉图派的人忽略了他们老师的看法；伊壁鸠鲁公开抵制这种看法；亚里士多德在这个问题上模棱两可；斯多葛主义者要么否认个体永生，要么认为灵魂最多能在大火之前脱离肉体而生；克律西波斯（Chrysippus）认为这种微小的可能性仅存在于哲学家身上。在对
阴间最详尽的一篇描述里，柏拉图加入了一句话，从中可以看出对于受 201
过教育的普通古希腊人来说，他接下来要介绍的理论是多么奇怪。“你听说过，”他对好友葛劳康（Glaucon）说，“我们的灵魂是不朽的吗？”葛劳康（一位普通的雅典年轻人）“按着我，惊讶地说——不，说真的，我没听说过。”[3]人文主义的例外很少，大多数人符合规则。

俄耳甫斯主义也是如此（这里我们要推翻刚才的说法）。除了柏拉图和毕达哥拉斯，没有哪位古希腊作家真正投入过俄耳甫斯主义。就算它想方设法进入了荷马的作品，它并没有改变他的思想，荷马描述冥界

1 2 《理想国》，363，387。
3 《理想国》，608。

时，依然将阿喀琉斯描述成毫无血色、郁郁寡欢的幽灵。它吸引了品达，但品达丝毫没有被它的来世理念所吸引或是在精神层面受到影响。总体而言，你很难在品达的生活哲学观里找到非世俗的东西。埃斯库罗斯和索福克勒斯影射过它，但他们的观念依旧维持正常。欧里庇得斯影射得更多，但谁会认为欧里庇得斯是本质的俄耳甫斯主义者，整个古希腊文学的灵魂是来世、禁欲主义、仪式纯洁、对个人与神结盟的渴望？稍稍考虑过一种信仰是一回事，但被它的美丽和传奇吸引，沉迷在简单的理念里，暂时释放我们心中的压抑的一面，狂热赞美一个教义的拥护者，哪怕这个教义和我们内心的本性、真正的信仰都背道而驰：这又是另一回事。

我们对人文主义的分析，也可以套用到自由、直率以及其他古希腊
202 特质里。我们展示了它们都有例外，但规则依旧占上风。但从一开始，我们的兴趣就是讨论古希腊文化的精髓，而不是古希腊文化的副产物，若我们关注副产物，我们会发现自己远离经典时期，被迫为晚期的新柏拉图主义做一番稍显简略的大致描述。所以我们可以满足于在每条注释的章节里大致提到例外有什么，然后继续坚持直率、人文主义和自由是古希腊智慧的核心特征。

虽然我们坚持这些品质的优越性，但也不要忘记古希腊人从最初就曾展现相反的一面。那正是潘多拉的魔盒。独裁主义、神秘主义、来世理念、浪漫主义都躺在里面。古希腊给了我们混合着酸的碱，混合着解药的毒药（如果我们认为那是毒药）。

第八章　公元前五世纪及以后

英国人的智慧在其取得巨大成就前就已成型。在我们拥有舰队或帝 203
国前，那些使我们成为贸易、殖民、政治巨头的品质就已清晰可见。莎士比亚时代的作家就可以分析并展示我们种族多年来的特征，那时工业革命还是无稽之谈，殖民地的代表还是弗吉尼亚。就算是当下，作家同样可以写一本书探讨英国智慧，丝毫不提到那些伟大成就，对写作目的也不会有太大影响。这点对古希腊人也差不多如此。在古希腊文化取得巨大成就之前，在公元前五世纪拉开序幕之前，在伯里克利或柏拉图出生之前，古希腊智慧就已存在。荷马时代的诗歌被收集成册前它就鲜活存在着。在这之后的古希腊人没有丰富它。他们确实为它提供了更丰富更深层次的例证。如果我们理解它，我们就可以理解他们。如果我们理解荷马和赫西奥德，我们就可以理解欧里庇得斯和亚里士多德——至少可以理解他们身上最杰出、最永恒的东西是什么。这就像，如果我们理解德拉克（Drake）和克伦威尔，我们就可以理解英国在19世纪取得的成就。

我们迄今为止都跟随这条理论，探索主流的古希腊智慧，那种超越时间和空间的精神，存在于任何年龄、任何个体上（只要他们拥有一颗
古希腊的心）的精神；探索荷马和琉善的相似点，希罗多德和后来拜占 204

庭讽刺诗人的相似点。现在我们必须更进一步：我们要看向古希腊文化的核心品质之外。我们要将目光放在古希腊文化发展的一段特定时期上，这段时期如此重要，以致大众几乎对它前后的时期置之不理，让它称霸代表古希腊。若忽略十九世纪，英国智慧的历史就永远不完整。若忘记古希腊智慧在公元前五世纪左右的表现，古希腊智慧的历史也就永远不完整。

站在拉托米亚（Latmian）南岸，看向门德雷斯河（Maeander）连接大海的地方，米利都（Miletus）城就坐落在那里。公元前七世纪伊始，一个叫泰勒斯的希腊人对周遭世界充满了疑惑，好奇世界的真正面目。海湾、山丘、橄榄树、葡萄树和他家的白房子后坐落着什么？他思考着，得出万物本原是水的结论。万物由水产生。这个观点在我们看来有些奇怪。但泰勒斯并非凭空臆想。他注意到水无处不在，无孔不入。蓝色液态的水环绕他家海岸；坚硬固态的水在山上落下冰雹和雪；水化为四散的薄雾，带给他们短暂的雾气。水在他头顶的天空上，雨天时掉落并滋养他田里的土地。水会突然以露珠的形态出现在地上，灌满一口井，在艳阳天从井里升上天空。水化成血液在他血管里奔腾；化成树液在他的橄榄树树干里流动。他可以从他的树莓里挤出水。水化成煤油点
205 亮他的灯。这种万能的东西自然是万物本原。就连传说也支持这种说法，因为，泰西斯（Tethys）和俄刻阿诺斯（Oceanus）不是被称为万物之父母，众神不是以冥河之水起誓吗？[1]

几年之后，他的同乡及学生阿那克西曼德（Anaximander）认为世界由四大基本元素组成：土、气、火和水。阿那克西曼德认为将基本元素缩减为水十分荒谬，并提出四大元素的根本来源都是一种不明确的无限物质（Indefinite Something），不属于土、气、火或水，但可以变成它们任意一种；他认为世界就是这样成型的。

在泰勒斯的影响下，公元前七世纪孕育了一个怪胎。在此之前，

1 Burnet，*Early Greek Philosophy*，p. 49；亚里士多德，《形而上学》(Metaphysics)，A. 3. 383b。

“习惯”是世界绝对的主宰。人们毫无保留地相信权威的话。“日神马尔杜克（Marduk）打败了制造万物混乱局面的迪亚马特（Tiamat），将后者砍成两半，上半部分变成天，下半部分变成地。”巴比伦的祭司说。“世界刚被创造出来时，舒（Shu）将女神努特（Nuit）从盖布（Keb）身上拉开，于是努特高悬在盖布之上，盖布躺在努特下方，”古埃及人想道。“我们的圣书是这样记载的，我们的祭司也是这样说的。”而现在，泰勒斯和阿那克西曼德开始质询世界**到底**由什么组成，发现答案不是迪亚马特和努特，而是水或其他奇怪的不明确的无限物质。他们的理论从根本上不比亚述（Assyrian）的掌权者好多少。但他们对待问题的态度很新颖，是大转变的萌芽，往后发展，传承了他们想法的德谟克利特 206
会发现天地由原子和虚空构成。这种新颖的想法不会停在这里。从这个流派学到东西后，许多思想家会转向比宇宙学更重要的领域。他们从古希腊人不经思考就践行遵守的传统美德入手，分析爱国主义、正义、勇气、善意，还有其他很多东西，并思考这些品质是什么，为什么人们要爱国、公正、勇敢、善良。他们会在生活各方面为自己设下新任务——超越本能和习惯——在不可动摇的理性坚石上重建自己对智慧和正确的标准，解释并证明它们的作用。泰勒斯天真的猜想会成为人类历史上的大事件。一个新事物来到世界上，古代文明里不曾有它，无论是在耶路撒冷、巴比伦还是埃及。“习惯”的统治结束了；从此之后，人们将生活建立在理性上。我们正站在刚出生的思考（thought）的摇篮旁。

我们刚才了解了哲学晦涩的起源史，现在我们必须往前走将近两个世纪；但要记住，尽管我们可以跳跃年份，但世界上没有东西会突然变化（nihil facit per saltum）。思考在泰勒斯之前的古希腊取得了发展，但其实在公元前五世纪下半叶就已经很显著了；它在品达身上很明显，在埃斯库罗斯身上得到了长足发展。但公元前 460 年之后依然是真正的理性年代（Age of Reason）。公元前 460 年之前，人的思考都很零散、偶然、不确定；公元前 460 年以后，人的思考变得广泛、普世、体系明确；因此，如果我们不想通读思考的发展史，却想了解它最核心的精

207 神，我们要转向欧里庇得斯、苏格拉底和修昔底德的时代。我们要远离希罗多德，他在怀疑主义和轻信他人之间切换，热切想让历史成为一场“ἱστορία”，即一场“调查”，但常常失败。他永远在谈论预兆、梦境、神的介入。他对潘、海伦娜、亚斯特洛克斯（Astrobacchus）等人有着浓厚兴趣。他相信马生下野兔和橄榄树一日内长了一腕尺（约46.38厘米）这两个梦，单个并没有隐藏预兆，但两者结合却有；我们要转向修昔底德，他半字不提梦境或预兆，很少谈到神，记载天灾时冷酷而精确。修昔底德是年轻版的希罗多德，但在阅读他的作品时，我们可以感受到时代的变化。思考的新浪潮已经淹没了伯里克利时期的雅典人，也打湿了他们先人的脚，但也仅此而已。很显然，真正实在的事都是在雅典完成的，那些重要的成果一路发展。爱奥尼亚哲学家是最初的探勘者，但后来是雅典人修建了道路，开放了国家。爱奥尼亚人提出了思考的概念，雅典人发展了它。思考起源于阿提卡之外，但没有阿提卡，它将无法发挥最大作用。爱奥尼亚人将它应用到物理上。他们一直在研究自然科学，并开始探究形而上学和伦理学。但他们没有更进一步。甚至——他们的思辨只触及了很小范围：他们的思想家过着与世隔绝的研究生活，他们的研究丝毫不关心世界。当思考来到雅典，一切都变了。自然科学成了背景，研究兴趣转向了道德问题和政治问题。人们热切地投身
208 于道德和政治问题的思考之中，思考随之急速发展；因为每个人都关心社会生活和个人行为，而自然科学只是少数人的领域。整个雅典立刻因这种新颖而有革命性的文化沸腾起来。再往后：思考从少数人的兴趣变成所有人的行为，一个全民思考的伟大国度就这样史无前例地诞生了。

要完成这场精神层面的转变（重要性堪比文艺复兴或基督教的崛起），需要两个条件——时机和人。公元前五世纪的雅典两点都符合。首先时机合适。先是波希战争为国民生活注入了崇高和膨胀之感。正如文艺复兴和法国大革命时期，人们的心和想象力都被拔高，超越了日常事务。雅典也处于那种敏感、激动的情绪中。与此同时，贸易发展带来了财富，而财富满足了人的需求，这带来了闲暇时间，在闲暇时间人得以思考。最终，雅典建立了一种民主制度，在那里每位公民都是国家政

府的一分子。政治变成生活中最重要的事务。后面谈到的这个事实是思想起源的直接原因。

英格兰人的兴趣集中在日常生活上，他们很难相信一个民族天生热爱知识本身，对知识的兴趣不低于学术界，并且每天聚集到公共场所，只为看见或听见新东西。但我们要想象这样一种状态。这个国家在全国范围内没有所谓的高等教育。他们有教授阅读、写作、体育和音乐 209
的初级学校，但他们没有公办中学或大学。伟大的智力天才隐藏在民间，但没有东西可以培养或满足他们。大片未知的水域常年不动，因为还没有人能开发它。再想象一场政治变动突然降临在这个国度，突然间出身和财富变成一摞废纸（除了偶尔能带来优势）。所有公民坐在议会厅里；所有职位，从统帅到公务员，都不拘一格降人才；只要能说服议会为他投票，贵族、食品商和工匠都有同等机会成为首相。在这样一个国家，最重要的是演讲天赋：一条能言善辩、有说服力的舌头。演说是通往权力唯一的路。学会它，一个人就有了无限可能。只是，他要去哪里学习演讲的艺术，而且，更重要的是，要怎么知道该说什么呢？若我们能想象处于这种困境下的国家是什么样子，我们就能想象波希战争后的雅典是什么样子。为了助想象一臂之力，让我们回忆近期我们的工人阶级对教育的诉求。他们就像当时的雅典人，突然被叫去参与政治事务，却发现自己缺乏参政的能力。或许从目前工人教育协会（Worker's Educational Association）赞助的部分辅导班里，我们可以看到一些渴望知识、努力积累知识的头脑，并从中看见古希腊式“ἔρως φιλοσοφίας”——狂热的求知欲。

这就是合适的时机，合适的时机随即孕育了合适的人。每位学习经典的学生都熟悉他们的名字；但对他们的本性，学生们知之甚少。他们是公元前五世纪古希腊的核心人物，虽然如今他们的脸在画像上看上去 210
差不多。他们的作品遗失了，他们的名字很多被遗忘了，我们对他们的认识，大多来自他们的敌人和批评家——柏拉图的作品。他们就是智者。我们很难将“智者”（sophist）这个词翻译为现代语言。乍看之下，“庸师”似乎是最接近的意思。若一个外国人来到伦敦，宣布自己是传授美德的老师、销售灵魂产品的商人，在公开实践莎士比亚、米尔顿和拜伦秘密实践的东西，简而言之是全人类的导师，这个人会被斥为骗子，还是个可怜的骗子。但据柏拉图所说，普罗泰戈拉就以此为生。[1] 若我们纯粹出于好奇，来到外国人的演讲室里，听到他说："关于神，我不知道他们是否存在；这些问题太晦涩，人的生命太短暂，这些都在阻碍人得到答案；"[2] 我们可能会走上前，对他做出比行骗更严重的控诉。

但以短浅一点的目光来看，我们很难认为智者一无是处。受过教育的雅典人不容易上当受骗，但他们也不容易指控某人违背道德。普罗泰戈拉这一行没做不道德的事，每一天，他的学生回家时，都变成了更好的人，或期待高尔吉亚传授世间最高级最伟大的东西。[3] 普罗狄克斯（Prodicus）创作了"赫拉克勒斯的选择"（the Choice of Heracles）的道
211 德寓言，因其教导的内容符合道德规范，在愚笨的斯巴达受到欢迎。如果说普罗泰戈拉宣称不确定神是否存在，高尔吉亚和普罗狄克斯就是在对神顶礼膜拜。如果说智者都是激进分子的话，他们当中至少会有一人挺身而出为客蒙辩护，反击伯里克利，至少为了旧传统而反抗新思想。不，智者既不革命也不激进，最多在思想里带有动乱的因子。若以现代的例子类比，我们可以说，他们之于古希腊，就像古典学学院和现代历史学院之于牛津；或者说，就像提供各类大学讲座、辅导课程、公共图书馆和大量藏书的机构，还有萧伯纳、威尔斯、切斯特顿（Chesterton）等作家之于整个英格兰。然而，即便这种类比能说明一些事情，它没能帮助我们认识智者是什么；智者和所有这些都有相似之处，但又不是其中任意一员。或许他最接近一个更理想、更开放、与日常生活接触的大学老师。

一个饥饿的民族向智者哭闹，智者用智力的食物喂饱它。语法、音乐、医药、几何、天文和军事著作等任何可以激发人的兴趣或为人提供

---

1 柏拉图，《普罗泰戈拉篇》，313，316，317。

2 普罗泰戈拉为数不多流传下来的话。

3 柏拉图，《普罗泰戈拉篇》；《高尔吉亚篇》，451。

指导的东西，智者们都懂得书写。但他们主要的话题是生活方式。去找他们，你或许能学到“如何以最好的方式管理你的家，如何在公共生活以最好的姿态发言或行动”。[1]我们会嘲笑这种想法。但它确实有用且有理。音乐和医药是可以传授的，只要一个人肯学，他或许就能学会唱歌或治病。为什么不将这条原则扩展至其他领域呢？当然了，学习那些要有方法，管理他人和约束自我也有方法。为什么不明确这些方法，像学 212
习成为熟练的医师或音乐家那样，学习成为好人或优秀的政治家呢？

于是，那些希望“学习成为政治家”的雅典青年来到高尔吉亚和普罗泰戈拉面前，后者教他们修辞学——如何为某事辩护，如何陈述案例，如何为论述安排最优的结构和风格，如何运用暗喻、数字和节奏，如何掌握故事、证据、箴言、悼词和讽刺的艺术，如何激起或安抚人类的情绪，如何让情绪为演讲者所用。同时，由于一个人除了知道怎么说，还要知道说什么，他们会传授适用于政坛的想法、论点、先例和事例。这带领年轻的雅典人进入更广阔的天地。首先是纯政治理论，然后是支持或反对民主或君主制的论点，还有所有政治对话里都适用的老生常谈——成功的政治家必须知道所有这些。然后他必须熟悉民众，在用他们关心的东西吸引他们后，他再以敏锐的目光扫视一望无际的人性，想方设法玩弄观众的罪行、美德、激情和偏见。这将带他进入道德哲学的层面，在那里普罗泰戈拉有“论美德”（on the Virtues）和“论志向”（on Ambition）的论述；道德哲学引向形而上学，在那里普罗泰戈拉会讨论知识的原理、存在的本质。对于将要把一生花费在统治上的人来说，没有什么知识会微不足道。西塞罗——最伟大的演说家——要求理想的演说家必须掌握辩证法、伦理学、物理、法律、历史和修辞学时，
不过是在回应智者的要求。他通过写作文、即兴演讲、脱稿复述诗歌、 213
阅读并评论文学、正反两面探讨话题，研究法律体系、政治科学和历史来训练演说家时，不过是在重复智者们的做法。[2]智者们的学生也要经

1　柏拉图，《普罗泰戈拉篇》，318。

2　《论雄辩家》（De Oratore），1. 148—59；*Orator*，11—19。

历这些项目；这样，等到他们完成教育，他们已经对天地间所有事物有了大概了解，并且，在这种肤浅教育能达到的范围内，有能力“管理他们的家，在政治生活里以最好的姿态发言或行动”。这就是雅典人受到的大学教育。

让我们来认识一位古希腊人，他受到智者学派的影响，可以向我们展示，智者对那些懂得用智者学派教学之精华弥补其糟粕的人有什么作用。他是智者最伟大的学生，他的作品仍流传于世，从中我们可以了解当时智者在雅典创造的氛围。我说的是修昔底德。

没有人可以同时阅读希罗多德和修昔底德，而不被两位历史学家间的巨大鸿沟震惊。希罗多德的作品令人愉悦，有教育意义，而且有希罗多德式真实：他睁开双眼，看见值得一看的东西，再如是讲述自己看见的东西。但比起历史本身，他更多在教导我们有关人性（对此他深有体会）的内容。另一方面，在修昔底德的作品里，我们可以看见一位真正的科学历史学家。他检测万事万物的真实性。希罗多德作品里那些鱼龙混杂的记载、适量的离题内容，此刻都早已不复存在。真相被仔细采摘
214 出来；有因必有果：理性的光芒照亮各处。希罗多德对人性有着浓厚兴趣，修昔底德除了对人性有兴趣，还具有批判能力。希罗多德是天才，修昔底德除了是天才，还是受过教育的人。他在哪里接受的教育？

他从智者那里接受的教育。他会某种小技巧，这种技巧体现了他受过的教育。他的史书里不断出现类似下面的话。“比起狡猾的人，单纯的人一般能成为更好的公民。因为狡猾的人迫切想让别人觉得他们比法律更聪明；他们总想在公众讨论中获得一席之地；他们认为那里最适合展现自己的智力；他们的蠢行往往会造成国家灭亡。而单纯的人不信任自己的能力，承认法律比自己更聪明；他们是公正的法官，不是野心勃勃的竞争者，反而可以一针见血。”[1] 或者，“在和平繁荣时期，国家和个人都要靠更高层次的目标激励，因为他们不再挣扎于生活必需品。而战

1 3. 37. 3 f.

争能带走人们日常的安逸生活……容易使人的特质被生存环境同化。”[1] 只要政客一开口，类似的想法就会从他口中流出，尽管这些话题过于抽象，听上去难以令人信服，也不适合政治场合。这些话题更适合哲学家进行反思。它们关注人性的哲学，尤其是政治领域的人性。修昔底德一直在反思这些话题。他的史书就是一本伪装好的政治理论手册。手册里有关于帝国的理论：如何为帝国辩护，如何最好地实现并巩固帝国，为 215
什么帝国需要扩张，扩张会带来什么危险，仁慈和慷慨在帝国扮演什么角色，为什么让臣民自由更安全，什么会造成叛乱，什么时候要为叛乱正言。还有关于国家的理论：反抗国家的个体的权利问题，为什么归属某个城邦会比擅自独立更好。还有广义的政治理论：战争对人的性情的影响，能言善辩的演说家、教育和批判精神对政治稳定性的威胁，智力对国家的作用——聪明人和蠢人谁能变成最好的公民？宗教鼓励和“荣耀”概念在政治领域的位置，治国时公平和私利的对抗，关于这些问题，在经过漫长反思后，修昔底德得出结论，这些事情最终会服从私利而非正义。虽然他会向伯克（Burke）坚持“吹嘘炫耀不是最佳的政策”。最后还有关于人性的理论：偶发的灾难和成功对人的影响，犯罪心理学（一项详尽而敏锐的研究），惩罚效果的局限性，复仇和希望对品格的影响。所有这些话题，还有其他更多话题，修昔底德或详述或略写。他经常简单粗暴地写下自己的反思，这种风格就像一个聪明的年轻人突然发现了心理学，了解到人的行动里埋藏着各种各样的动机和目的，并因为这一发现而兴奋得滔滔不绝。但他的反思基本都很深刻。去读他那篇描述当时党性（party spirit）如何造成影响的精彩文章，他在文中追寻党性惨淡的过去和丑恶的未来，试问还有哪篇分析能如此微 216
妙、深刻又具悲剧性？[2]

修昔底德就是智者理想中的弟子模样——他就是智者们一心想要造

1　3. 82. 2.

2　3. 82 f. 以上提到的话题取自米利蒂尼人在斯巴达的演讲（3. 9 f.），克里昂关于帝国伦理的演讲（3. 37 f.），狄奥多特（Diodotus）的回复（出处同上），伯里克利的演讲（2. 60 f.），阿尔西比亚德斯的演讲（6. 16 f.）。

就的那类人——当时的希腊社会正是智者们煞费苦心想要营造的样子。如果我们走进智者的演讲厅，与普罗泰戈拉同处一室，和那些花两百镑上课学习“政治”和“美德”的年轻人在一起，我们就会听到上文提到的讨论。[1] 他们在讨论政治的原理和方法，探究人类，即政治的原材料。“这个雅典：它适合建立帝国吗？如果有了帝国，该如何维系？这些投票人：财富是否让它们堕落，战争会不会扰乱他们的平衡？他们的本性是什么？我们了解他们的本性就可以带领他们。”归根结底，他们就是当代格雷厄姆·沃拉斯（Graham Wallas）先生从一方面，[2] 高尔斯华绥从另一方面谈论的东西。

泰勒斯播种了种子。爱奥尼亚和西西里的哲学家照料长出的树苗。智者将树苗移植到雅典，在那里为它浇水、施肥、嫁接，直到它成长为一片茂密森林。这就是思考在古希腊——在世界也如此——的自然史。现在让我们看看这片森林里有什么树。

217 首先是批评（Criticism）的发展，这点无需多言。修昔底德就是一个例子，我们对他的论述也可以视作对批评的论述。雅典人开始分析邻居的灵魂，也分析自己的灵魂，去衡量、测试、检查、探究，问题再敏感也不撒手，缺点再渺小也不放过，他们将万物无情地暴露在解剖刀下，一次性地决定什么是病态的，什么又是健全的。在这个过程中，雅典创造出新的文学形式。在流传下来的散文里——这一最初兴起于记录历史的写作方式确实值得青史留名，我们可以看到滚滚的哲学思考洪流，一支从柏拉图和亚里士多德开始，流经亚历山大港、罗马和拜占庭，最终进入中世纪哲学探究浪潮。诗歌界受影响甚至更大——因为批判性精神虽然和创意写作关系甚远，甚至最终可能对创意写作造成危害，但它就和很多毒药一样，也有少量滋补作用。讲故事的史诗，发泄本能情感的抒情诗，这些都让位给一种更深远沉重的文学形式。它们的

---

1 埃维努斯（Evenus）的学费是五迈那（mina）（柏拉图，《申辩篇》，20）。我对公元前五世纪的货币做了增值十倍的处理。

2 在《政治中的人性》（Human Nature in Politics）和 *The Great Society*。

位置被戏剧夺走了。戏剧占主导地位是公元前五世纪诗坛的特征，而戏剧的精髓正是关注道德问题和智力问题。这些是批评精神的分支，最初发展于公元前五世纪。

第二样发展的事物和第一样有相似之处——它就是科学（Science）的精神。批评是一件不稳定而随机的事，它轻快地掠过四处，没有明确目标，只关心自己的活动——它就是智力届的帕克（Puck）。[1] 它不效忠于任何人，不承担任何义务，但作战时像一名自由骑士，为了作战的乐趣而战，也可能为了出价最高者而战。你不能依赖它；批评的剑一时为你所用，但它也可能攻击自己的主人，如果时机合适，甚至会攻击自 218
己。（对这种轻率事物心怀恐惧，使得雅典的保守主义者不信任智者，正如今天的英格兰保守主义者不信任萧伯纳先生。）但抓住这种不负责任的精神，教化它，赋予它目标和理想，它就再也不是吊儿郎当的样子，而是为了一个严肃目标而磨炼，为一个特定追求而奉献。帕克变成了爱丽儿（Ariel），[2] 最忠实勤劳，最值得主人信任，在真理的屋檐下服侍他人，践行自己的艺术。批评发展为了科学。

苏格拉底是雅典这一转变的来源。他从智者身上学习，并且实质上也是个智者。但他在智力的力量里加入了道德的智慧。智者肤浅的地方，他做得深刻。智者是老师，他们为钱工作，密切注意学生，教出成果才有收入。学生希望自己的头脑能更机智地应对日常生活，期待教育迅速取得成果。科学不可能在这种条件下繁荣昌盛，智者的教学很容易变得肤浅而粗劣：他们必须取悦市场，按需供货。但苏格拉底不收一分钱，不讨好任何一位学生。他和那些愿意与他交谈的人交谈，但他谈论的是方法和他喜欢的东西。他的行事风格适合科学发展。我们在雅典发现的科学自然不可能像现代科学。雅典没有精细的实验体系或分类体系，没有实验室或试管，没有实验器械或实验理论。雅典也没有达成上述条件可以达成的结果。雅典没有大量被分类贮存的科学事实，没有用

1　帕克（Puck）：莎士比亚戏剧《仲夏夜之梦》里的人物。——译者注。

2　爱丽儿（Ariel）：莎士比亚戏剧《暴风雨》里的人物。——译者注。

于收集真理的巨大奶库来喂饱整个国家。那种东西起源于亚里士多德，
219 即使在亚里士多德时期也只是雏形。但苏格拉底有一样更重要（或许也更威严）的东西——科学的精神。

想一想苏格拉底和他做事的方式。他吃苦耐劳，有做科学的耐心。“我必须和你们说一个苏格拉底的故事，当时他出门在外”（阿尔西比亚德在《会饮篇》里说）。“一天早上，他想到一个无法解决的问题；他不愿放弃，继续从清晨想到中午——他站在那里，陷入沉思；等到中午，人们开始注意到他，人群中出现传言，说苏格拉底从破晓时分就站在那里想问题。最终，晚餐过后，一些爱奥尼亚人出于好奇，带着自己的垫子睡在户外，想看看苏格拉底会不会整晚站在那里。结果，苏格拉底一直站到第二天早晨；阳光重新出现，他向太阳做了祷告，然后继续踏上旅途。”[1]

这是发生在波提狄亚（Potidaea）周围的海沟里的事。现在听听他在雅典某位友人家中的事。他正在讨论正义。“正义是什么？”他问。“把属于邻居的东西还给邻居。”有人回答。“若你知道一个疯子很可能用剑杀人，你还愿意将他的剑还给他吗？”“不愿意。”“那我们必须另寻定义了。”“正义就是伤害敌人，为朋友谋福利。”“但如果你的敌人是好人，正义就是弄伤他吗？肯定不是。你也必须另寻定义。”诸如此类；一个又一个定义被提出又否决，最终我们——很可能还是一头雾水。类似情
220 况发生在每一篇谈话里。苏格拉底的讨论很少引向结论；它们质疑所有可能性；它们从来只愿意得出一个暂时的真相；它们随时准备抛弃成果，牺牲已经站稳的立场。苏格拉底满足于缓慢的进步。他认为探寻比找到更有价值，永不达到目标也比达到错误目标好。

这就是贯穿他一生的精神，在死亡来临之际也没有离开他。在苏格拉底与朋友最后一篇谈话中，他们等待着监狱长带来毒酒杯，将话题转向了不朽。在那个时刻，人性脆弱的一面本可以占上风，这位老师和他的门徒，哪怕很快就要分别，也可以在宁静的希望中度过了最后的时

1 柏拉图，《会饮篇》，220。下一个文段引自《理想国》第一卷。

刻。有些门徒愿意这样做；但苏格拉底不愿意。以下是他的话。“此刻，我意识到我没有哲学家的脾性；和所有平民一样，我只是个信徒。现在，若信徒陷入了一场纷争，他不会关心问题正确与否，只会在乎说服听众接受他的主张。他和当下的我唯一的区别在于——他想努力说服听众他所言属实，而我更愿意试着说服自己；对我而言，说服听众是第二重要的事。但看我从争论中获得了多少。因为若我所言属实，那我说服自己接受的就是真理”（他坚持认为灵魂不朽）；“但就算人死后是虚无，在我短暂的弥留期，我也可以让朋友不沉陷在悲痛中，我的无知不会持续下去，而会随着我死亡，因此不会祸害后人。这就是我对待这场争论 221
的心态，西米亚斯（Simmias）和赛贝斯。我想让你们想着真理，而不是苏格拉底；如果我说的像是真理，就同意我；否则，要坚决反对我，不要让我用自己的激情欺骗了你们，也欺骗了自己，不要让我像一只蜜蜂，在死之前将毒刺留在你们体内。现在我们继续。”[1]

伯内特（Burnet）主教写到哈利·瓦内（Harry Vane）爵士时，说他属于“一个叫‘探寻者’的教派，满足于不下任何结论，而等待进一步发现”。[2] 苏格拉底也属于这个教派。这使得人们害怕阅读他的作品；我们大多数人都偏好明确的结论，害怕阅读模糊不清的古希腊哲学著作。因为苏格拉底的写作方法违背了人类本能，人类本能要求确定的结果，倾向遵守流传下来的观念，不愿意牺牲它们以换取疑问重重的进步。但苏格拉底拥有这种怀疑主义，这种愿意审视或重新审视真理的决心。它是获得真正知识的首要条件。因为它意味着对真理以外的事物充耳不闻。

由于苏格拉底是第一个理解并践行它的人，他标志着世界新纪元的开始。如果科学有自己的大教堂和彩色玻璃窗，我们或许可以想象某位艺术家用一种类似教堂彩窗的设计记录科学的族谱。在最底层的方形玻璃——那里记录着宗教使一位犹太农民登基，在中段延伸出基督教的分

1　柏拉图，《斐多篇》，91。

2　伯内特的 *History of his Own Times*。

支——科学可能会公正地将雅典人放上去，他们是它最伟大子孙的精神
222 父亲。如果需要座右铭或文字，也很难不选用雅典人或受雅典人影响的名言。“如果我所言为假，我很乐意被人驳斥，同样，如果有人所言为假，我也会随时驳斥他们，而且像准备好驳斥别人那样准备好被别人驳斥。因为我相信被人驳斥能带来更大的进步，正如被人消灭一种恶行带来的进步大于消灭别人一种恶行。”[1] 类似的还有，“我祈求神准许我的话语流传下去，只要它们是正确的；如果我无意中说了任何错话，我祈祷神施予我的惩罚和所有会犯错的人一样；公正的惩罚就是拨正犯错的人。”[2] 就算苏格拉底算不上从事科学的人，他也知道科学需要的精神是什么。

以上就是公元前五世纪雅典发展的第二样事物。

第三样发展的事物难以描述。如果称这种发展为道德的发展，恐怕有些误导人。或许我们可以说，那是一段对道德的短暂痴迷。在雅典发生了一场运动，它和我们如今看到的运动十分相似。在现代欧洲，批判精神对长期不被质疑的宗教和行为准则发起攻击，使得整个社会都在谈论这些事情。伦理不再只是哲学家的研究范围，宗教不再禁锢于教堂的围栏里。小说家和剧作家变成传教士；从事科学的人推出新的日常守则；记者拷贝它们，出版商将它们出版为便宜的手册。公元前五世纪也出现了类似的情况。人对道德产生了浓厚兴趣，在当时的环境下，这无可避免。因为在雅典，人们对所有事物展开批判，道德自身也
223 没有逃脱批评。就像萧伯纳或威尔斯攻击婚姻法那样，智者责难马拉松（Μαραθωνοάχαι）的老式理想，逼迫他们为自己的美德辩护。因此行为问题被迫进入人们的头脑。

这不一定意味着人变好。一个人思考道德，往往就不会践行道德，亚里士多德可能会说，根据我们本性的规律，这种思考会摧毁美德。但依然有人假设，如果人们谈论道德，他们多少会践行一点，而且毫无疑

1 柏拉图，《高尔吉亚篇》，458。
2 作者同上，《克里底亚篇》（Critias），106。

问，有些雅典人试图践行自己提倡的内容，并号召同胞都这么做。首先是苏格拉底。色诺芬用他独特大胆的方式讲述了苏格拉底如何“总是谈论和人相关的话题，细想虔诚、不虔诚、荣誉、不齿、正义、非正义、节制、疯狂、勇气、懦弱的含义；询问城邦、政治家、政府和统治者意味着什么，反思这些话题，反思是怎样的知识让人称得上‘好运’（καλὸς κἀγαθός），又是怎样的无知让人只能是奴隶。”[1] 柏拉图以更生动的方式，让他的老师自己宣布了自己的使命。“只要我还有生命和力量，我就永远不会停止践行或传授哲学，我会劝诫我遇见的每一个人，自愿对他说：你，我的朋友——伟大、万能且智慧的雅典城的公民——你难道不羞愧于自己攒积了大量金钱、荣誉和名声，却很少关注智慧和真理，从不留心甚至不看一眼灵魂最伟大的进步？我将对我遇见的每一个人重复相同的话，无论他们年轻还是衰老，是公民还是外乡人，但 224
尤其要对公民重复这些话，因为他们是我的同胞。因为我知道这是神的指令；而且我相信在这个国家，没有哪种善行比我对神的侍奉更伟大。因为我什么都不做，而到处去说服你们——无论你们是老人还是年轻人——不要挂念自己的人和财产，而要首先关注灵魂最伟大的进步。我是神安插在这个国家的讨厌鬼，随时随地纠缠你们，激醒你们，说服你们，责备你们。”[2]

这也是一位希伯来先知的使命：苏格拉底会说服人们相信罪的概念。但他的方法中有一些东西，我们无法在以赛亚和他同伴身上找到。苏格拉底没有让对邪恶的谴责淹没雅典，没有大声恐吓一个有罪的民族，没有抗争也没有哭喊，没有漫步于家乡的大街小巷言简意赅地警告人们，说雅典将在四十天内沦陷。他的方法里没有威胁或恐吓。与之相反，他悄声用一句古老的希腊谚语劝告听众：“了解你自己。”了解一个人，了解他的力量和局限，了解他能在金钱、名声或权利中获得多少满足，了解他的内心如何获取平静——这就是他不断重复的建议。争论、

1 《回忆苏格拉底》，1.1.16。

2 柏拉图，《申辩篇》，1.1.10。

常识、直面真相——有了这个（他认为）世界就能获救。于是他一天天“从清晨开始”出现在公共人行道、体育馆或集市上，“询问并回答问题”，理念很简单，就是冲动最终会不敌理性，偏见最终会不敌真理。

这里，我们将思考和道德结合起来，将智慧和美德结合起来，这种
225 结合是古希腊最显著的特征，但可能是我们最不熟悉的特征。英国人对善有着理智的热爱，但不像欧里庇得斯笔下的那种爱：

> τᾷ Σοφίᾳ παρέδους πέμπειν Ἔρωτας,
> παντοίας ἀρετᾶς ξυνεργούς,
> Strong loves of all godlike endeavor
> 炽热的爱都奉献给了美德
> Whom wisdom hath throned on her throne。[1]
> 只因智慧将其置于神龛之上供人景仰

多么奇妙的措辞，但又和我们的情感多么不同！注意句子中不可分解的三个要素——智慧、美德、爱——美德由智慧而生，它的美激发了熊熊燃烧的欲望。我们心中的美德可不是这样。我们认为美德的来源有很多，比如良知、尊严或清教徒压抑肉体的本能。但绝不是“和智慧并排而坐”；哪怕在并排而坐的情况下，比如在 J. S. 米尔（J. S. Mill）这类人身上时，美德也绝不会激发欧里庇得斯笔下的熊熊燃烧的欲望。美德只是“虔诚残留的渣滓，不讨人喜爱，但很有存在的必要”。[2] 美德让我们收获“友谊”（φιλία），但不会收获“爱”（ἔρως）。或许只有等到英国思想摆脱古罗马的影响，重建自己的神学体系，为新兴真理的优点欢欣雀跃，我们才会发现理智是可爱的，因为它通往美德，而美德是正确的，因为它很理性，同时美德的理性属性和美德本身都很美丽。“那时，学习的终极目标是通过重新正确地理解神，来重建我们原生父母留下的

1 《美狄亚》，844（默里译）。这句话适合当大学校训。

2 斯蒂文森（Stevenson）在 *The Influence of Books*（*Art of Writing*）里对赫伯特·斯宾塞（Herbert Spencer）的评价。

废墟，并在此基础上去爱神，模仿神，通过我们拥有真正美德的灵魂，226
尽力向神靠拢。”同样：

> 神圣哲理多么迷人！
> 不像迟钝的愚人认为的那样艰深晦涩，
> 而像阿波罗的里拉琴一样悦耳动听，
> 是一道永恒的甜美佳肴。[1]

真正的古希腊精神就隐藏在这些引文中。但它已经从我们的教育和哲学中出走，在它回归之前，我们的教育和哲学都无法达到应有的高度。

在这里，我们稍做停留，看一眼公元前五世纪这种发展下的产品，即“现代”人。我们不用苏格拉底做例子，因为他在族群里几乎独一无二。我们要用上面引文的作者做例子。

想一想他出生时社会的主流信仰。想一想他的圣经——神话传说。神话传说教导他世界上有很多位神，男女皆有，其中只有一位没有私生子；她有一座祭坛，人类在坛上献祭。宙斯引诱男人们的妻女，他的配偶为寻求慰藉，残忍折磨这些妇女和儿童；阿佛洛狄忒惩罚过度的贞洁行为，阿耳忒弥斯用迫害她的宠儿来报答她。这部圣经里的人类英雄也不比神纯洁多少，尽管他们顶着阿伽门农（Agamemnon）、海伦、墨涅拉俄斯（Menelaus）、奥德修斯这类名字，并被人类土地上的诗人盛赞。海伦在和陌生人私奔后，允许千万人在令人痛惜的十年之战中为她相互
斯杀。阿伽门农为了重新夺回海伦——他兄弟放荡的妻子——开启远 227
征，为此不惜以将女儿许配给阿喀琉斯为借口，把女儿骗离家乡，随后将女儿献祭给一位女神；他从最得力的同盟那里偷来一位奴隶女，将她培养成姘妇，并不断进攻盟友，几乎摧毁了对方的军队，终于在用战车

1　米尔顿，*Letter on Education* 和《酒神之假面舞会》（Comus）。

带第二位姘妇回家时，他激怒了妻子。[1] 但荷马从这些神和人身上看不见缺点，他真心实意地崇拜宙斯，将其尊为“最高的统治者”，发自肺腑地赞扬阿伽门农，将其誉为“人类之王”。欧里庇得斯发现自己很难跟随这种看法。

凭借自身的洞察力和批判精神，欧里庇得斯还发现自己很难相信前辈接受的故事。埃斯库罗斯相信，有一个地方住着头发里长满蛇的女人，她们追捕杀人犯，闻血腥味而动；而且这一切都被旁观者看在眼里。在欧里庇得斯批判的目光下，这个故事不堪一击。确实，在《伊菲格涅亚》(Iphigeneia)里，俄瑞斯忒斯(Orestes)认为自己被这种怪物追捕。但她们在剧中没有出现，也没有任何人看见或提到她们。一个农夫描述了他目睹俄瑞斯忒斯和他(俄瑞斯忒斯)口中的复仇女神(Furies)搏斗的场景。但农夫自己并没有直接目睹，只是看到俄瑞斯忒斯在处死一些奶牛，呼喊世界来见证他屠杀敌人的一刻。[2] 毫无疑问，正如埃阿斯(Ajax)之前那样，他暂时丧失了理智。

228 虽然知道弑母者不会被头发里长蛇的女人拜访，但欧里庇得斯也清楚弑母将受到惩罚。他在《俄瑞斯忒斯》里向我们展示了这点。当幕布拉开，俄瑞斯忒斯躺在床上，苍白消瘦，嘴唇上有泡沫，披头散发，他的姐姐看着他。他不肯吃东西，不肯洗漱，在毯子里缩成一团呻吟着。有时他看见空中有长着狗脸的东西在威胁他，他会站起身，幻想自己要射中它们，做出拉弓的动作。看守他的人会将他按在床上，直到他平静下来。然后他会恢复理智——陷入让他的护工更难堪的情绪——无助地哭泣(ἔμφρων δακρύει)。想象这恐怖的场景。这已经持续了五天。[3] 这位理性时代的孩子遭到了弑母者应该受到的惩罚。那是令人紧张的精神

1 对比欧里庇得斯，《厄勒克特拉》(Electra)，1011—50，克吕泰涅斯特拉用这些观点反对阿伽门农，并为她自己的行径找借口。

2 《在陶里斯的俄瑞斯忒斯》(I. T.)，285 f。在欧里庇得斯的三部戏剧《厄勒克特拉》《俄瑞斯忒斯》和《在陶里斯的俄瑞斯忒斯》里，俄瑞斯忒斯的疯狂是与生俱来的。值得注意的是，在《祭酒人》(Choephoroe)里，旁观者看不见复仇女神，1. 1061.。

3 《俄瑞斯忒斯》，34 f.，225 f.。

错乱。那是类似于麦克白夫人受到的惩罚。

举另一个例子。传说记载了海伦如何离开她的希腊丈夫，成为帕利斯的妻子，还记载了希腊人如何跟随她来到特洛伊，占领了这座城，她又如何再次成为墨涅拉俄斯的妻子。如果我们严格阅读，并仔细询问她是怎样一种女人，才能做出那种事，我们就会发现这是一个蹩脚的故事。荷马自己也发现故事难以解释，并让他笔下的海伦承认了自己的罪过。她是蚊子（κυνῶπις），又像狗一样厚颜无耻。但总的来说，荷马眼中的海伦只是一位妇女（δῖα γυναικῶν），是曼妙女郎，双臂白皙，裙衣飘飘，拥有的美貌令特洛伊人都认为她值得十年之战。欧里庇得斯更注重分析这个为陌生人抛家弃女的妻子的本性。对他而言，她主要是一个自负、自私、奢侈的女人，他也毫无保留地表达了这一点。

帕利斯英俊的脸和他昂贵的东方服饰都吸引了她；更重要的是，微 229
不足道的虚荣心占据了她——帕利斯脖子上的金色领子，他宽松的东方裤子。她被迷住了。那时阿哥斯还是一个贫穷的希腊小城。特洛伊向她奉上东方的奇珍异宝和奢侈生活之乐。

> 一旦从斯巴达获得自由，看见了，
> 提尔的光辉，像宽广的黄金河流，
> 浸没你的手臂，挥洒在塔楼上！多么渺小，
> 多么阴冷，那天的墨涅拉俄斯大厅看起来！

然后她离开了家。到达特洛伊后，她毫无保留地卖弄风情，每当希腊取得胜利就嘲讽帕利斯，这让他的爱更加欲罢不能。她喜欢东方繁琐的礼仪、跪拜礼和请安，这些在古希腊人眼中都十分冒犯且荒谬。等到最后特洛伊沦陷，帕利斯被杀害，她穿上华美服饰——因为虚荣心永不消失——出门去见希腊人。回到阿哥斯后，已过中年的她依然未变：你仍是赤身裸体（ἔστι δ' ἡ πάλαι γυνή）。她对服饰、镜子和崇拜者的兴趣丝毫未减：她从特洛伊带了一位弗里吉亚（Phrygian）阉人服侍自己，她的侍从都是香水和镜子领域的专家。哪怕服丧的礼节要求她剪发，她

也不会让它破坏美貌，只是剪去发尖一小部分。这就是海伦在理性时代的形象。[1]

230 对海伦挑起的战争亦是如此。对荷马而言，战争是辉煌灿烂的。他笔下的英雄便以此为生，邪恶最终敌不过他们的勇猛和战斗力。欧里庇得斯则有不同想法，他的其中一部戏剧会体现这点。

一座城沦陷：男人们被杀害，女人们等待被大船运去当奴隶时，谈论起自己的感受，讨论彼此的未来。发言的角色都经过精心筛选，确保各有特色，这样我们就能看到不同人眼中的情况。发言角色里有普通妇女，她们的悲痛较为原始，哀叹于失去舒适的物质生活，被迫离开快乐老家。也有首领的妻子。她年岁已大，温暖的爱意已燃烧殆尽，内心深处人性的同情心已枯竭，一半是因为衰老，一半是因为见证过城邦贵族的盛况，感触最深的是王国沦陷、王朝覆灭的苦涩。还有她的媳妇，她幸福的婚姻生活因丈夫的死而终结，她还即将成为谋杀者儿子的姘妇。还有一位女先知以更高的视角看待这场惨剧，这倒很契合她天国仆人的身份。剧中还有一支凯旋的军队，他们为战败方感到惋惜，但说到底他们只是在做好本职工作。他们同时也为胜利感到自豪，期待荣归故里。这就是《特洛伊妇女》的人物设置。场景全程设在海岸边，被俘虏的妇女在帐篷旁边的角落里挤成一团。我们可以看见胜利者在远处抽签决定
231 俘虏去向，将战利品搬上船，准备启程。剧目以俘虏们的哭泣开始，以催促她们登上希腊战舰的小号声结束：城市陷入大火，特洛伊消失在一片灰烬中。

从头到尾没有一丝光明。整部剧一直毫无希望。俘虏们失去了丈夫和孩子，即将沦为奴隶，因抽签被分开，旧生活从此结束，新生活也看不见希望。剧本里有两处提神之笔，只有两处，都很有特色。第一处是

1 上述细节来自《特洛伊妇女》，969—1032（文中引用的译文来自默里教授）；《俄瑞斯忒斯》，128，1112，1430；《库克罗普斯》（Cyclops），182—5。值得注意的是，海伦从克吕泰涅斯特拉那里继承了虚荣心（《俄瑞斯忒斯》，1071），并遗传给了女儿赫耳弥俄涅（Hermione）（《安德洛玛刻》，147 f.）。欧里庇得斯认为勇气（ἁβροσύνη）是这个家族遗传的特性，《俄瑞斯忒斯》，349。

卡珊德拉（Cassandra）的喜悦，她将带着对她的抓捕者阿伽门农的毁灭一同前往希腊。第二处是墨涅拉俄斯的喜悦，他总算可以惩罚他不忠的妻子。哪怕对胜利者而言，胜利也没有带来喜悦。借卡珊德拉之口，欧里庇得斯生动说明了征服者不如被征服者值得羡慕。一时的复仇是墨涅拉俄斯十年奋战的奖赏。而那些在这十年丧失家庭生活的人，有的发现亲人已逝，有的发现惨遭背叛，各种变化正在希腊等着他们回来。欧里庇得斯曾问自己，从**本质**来看，战争是什么？这就是他的答案。[1]

看清楚它里面是什么（Voir clair dans ce qui est）：司汤达（Stendhal） 232
也这样定义作者的职责，欧里庇得斯或许会将它作为自己的座右铭，因为虽然他的作品呈现多种面貌，大体上都有看见事物本质的倾向。

看见阿波罗的本质，看见他是一个命令俄瑞斯忒斯弑母的神，弑杀的理由是她谋杀了亲夫阿伽门农；看见他如何诱惑了一位少女，并毒害她终身。[2]

看见克吕泰涅斯特拉谋杀案的本质，看见这是一场对阿伽门农没有任何好处的行动，阿伽门农完全可以第一个阻止；看见这是复仇法则（lex talionis）在法律最终取代原始复仇的时代里的一次胜利。[3]

看见俄瑞斯忒斯的疯狂本质：追捕看不见的蛇和鞭子，寻找复仇女神；看见他的疯狂只是有些吓人罢了，这是一种先天疾病，是良知的产物，消耗着躯体，困扰着头脑；看见这种疯狂伴随着病态的疑心，随着疯癫发作来去；看见这种疯狂充满以自我为中心的利己主义，并助长利己主义。利己主义是这种疯癫状态必不可少的特征。

看见古希腊神话里伟大人物的本质。墨涅拉俄斯不是荷马笔下伟大的征服者和国王，而是一个自私、精明而懦弱的男人；[4] 看见海伦不是荷马笔下拥有天神般美貌的人，而是一个虚荣、自私而虚伪的女人。

1　默里教授（《特洛伊妇女》的译者）指出这是本剧的重点。

2　出自《厄勒克特拉》和《伊翁》。

3　参见维罗尔（Verrall）在 *Four Plays of Euripides* 里就《俄瑞斯忒斯》写的随笔。

4　出自《安德洛玛刻》和《俄瑞斯忒斯》。

看见特洛伊战争和战争结果的本质。看见一场骇人的屠城——屠城在欧里庇得斯某些戏剧中的地位，几乎等于家庭诅咒在埃斯库罗斯戏剧里的地位——报应找上了所有参与者，以各种形式在他们的房屋四周阴魂不散，为家族第三代甚至第四代人带去灾祸。

但请注意欧里庇得斯是一位道德家，正如他是一位批评家。在这个层面上，他同样更接近于苏格拉底，而与荷马不同。荷马有一套道德标
233 准，但他不轻易评判，他的指责也轻如鸿毛。他满足于生命的丰富和美丽，时常忘记去谴责任何事物。欧里庇得斯不是这样。他不留情面地将犯事者带到他的标尺下，不受他们过往名声的影响，看到他们内心最根本的样子：墨涅拉俄斯、伊阿宋、俄瑞斯忒斯、海伦、赫耳弥俄涅、阿波罗、阿佛洛狄忒、赫拉、阿耳忒弥斯。我们看见他们“布满鞭伤、布满偏见和犯罪带来的伤痕、被谎言和虚假扭曲的灵魂”。欧里庇得斯不问这些英雄或神是否富裕、是否出名；他只关心他们是否符合善的最高标准，这套标准他和雅典都熟记于心。他们是否勇敢、仁慈、热爱真理？如果不是，任何神话传说里的辩词都救不了他们。他们必须被公开抨击。

这里有一个例子，和上文引用的例子有相似之处，并清楚展现了新戏剧的伦理倾向。它就是欧里庇得斯描写经典古希腊神话故事的方式。很多传说中的家族都有神的血统。阿波罗或宙斯都曾引诱过凡间美貌的女子。在古代，“神分担凡人的弱点，凡人也享受神的快乐”；这短暂连接带来的唯一成果，就是让英雄降生在了这个世界。古希腊神话里到处都是这样的故事。品达的第九首皮托凯歌也展示了一位诗人——我差点写下“一位思想家”——能在欧里庇得斯成为主流的半个世纪前，为这些轻微过失赋予多么崇高的美感。

但欧里庇得斯对这些问题有别的看法，更接近我们的看法。某次，
234 一位年轻的雅典姑娘在卫城北边的长岩（Long Rocks）摘了一束黄花。阿波罗发现了她，将她抓走，推进一个洞穴——哪怕到了中年，女孩仍能忆起那天抓住她的手腕，还有他四周闪烁的金色光芒。[1] 她怀上了孩

1 《伊翁》，887—91。

子，为了躲避母亲，半夜来到洞穴。她躺在那里，希望阿波罗无论如何能帮帮她。但他自己在玩乐，留下她独自忍受生产的剧痛和无人分担的折磨。多年以后，她将这个故事和故事结局告诉了一位老仆人，让我们来听听她的话。

> 克瑞乌萨（Creusa）：你知道刻克洛普斯（Cecrops）的悬崖吗？我们管它叫长岩——那里有一个面向北边的洞穴？在那里我经历了一场可怕的战斗；我被迫和阿波罗进行了一场悲惨的结合。
>
> 仆人：你是怎么向神隐瞒你们的交合的？
>
> 克：我怀孕了；（仆人开口）请承受我告诉你的消息。
>
> 仆：谁照顾你？在哪里？还是你独自承受痛苦？
>
> 克：独自；在见证了我结合的洞穴里。
>
> 仆：那男孩在哪里？你再不会膝下无子了。
>
> 克：死了：扔给野兽了。
>
> 仆：死了？那阿波罗，卑鄙的神，没有帮你吗？
>
> 克：他没有帮忙。我的男孩在死亡的怀抱里长大。
>
> 仆：谁抛弃了他？肯定不是你吧？
>
> 克：我抛弃了他。在一个漆黑的夜晚，我用袍子将他裹起来。
>
> 仆：你做这件事没有同犯吗？
>
> 克：只有悲伤和秘密。
>
> 仆：你怎么能狠心将孩子留在洞里？
>
> 克：是啊，怎么狠心！我的告别漫长而苦涩。
>
> 仆：哦，大胆冷酷的心；而那个神的心比你更冷酷。
>
> 克：是的，若你看到那孩子向我伸出手臂的样子。[1] 235

再没有那个孩子的消息，也没有孩子母亲克瑞乌萨的消息，她后来嫁给了雅典的国王。在剧中，她是端庄的中年雅典女王。但我们无法忘

1 《伊翁》，936—7，939，940，946—61。我缩短了对话的开场部分。

记她早年在家乡悬崖上的历险。欧里庇得斯热爱追溯女性角色所受折磨的渊源，克瑞乌萨是他笔下无子的妇女。自从她抛弃了第一个孩子，就再也没有怀上别的孩子；荣华富贵也无法填补她生命里的空洞。德尔斐神庙里的年轻仆人崇拜并嫉妒她的家庭和血统。“只延续到我的幸福终结之处；再没有了”；她苦涩地回答道。[1] “ἔπαθον ἄχος ἄβιον”，她对自己说，即“我的悲伤太沉重，生命无法承受。”在本剧结尾部分，阿波罗，这个发动了悲惨列车，因害怕曝光一直躲藏在背景里的人，在经历了嫉妒、亵神、恶行和蓄意谋杀后，终于和另一位神联手找回被遗弃的孩子（现在已经长大成人了）。我们看到，神的声誉并不完美，克瑞乌萨的幸福来得太迟，弥补不了失去的悲剧青春。欧里庇得斯就是这样看待轻浮的天神爱恋的，而品达会用华美的诗句描绘它。但对欧里庇得斯而言，这不过是残忍地强奸了一位无助少女。它带来了应有的后果，为人类在地球上的痛苦总和增加了一个商数（quotum）。[2]

236 我们或许可以离开理性时代了。因为尽管我们才刚穿越它的边界，我们已经有能力判断它的重要性。在理性时代，古希腊智慧进入了关键性的新轨道。它的青春期结束，因此面临繁重的职责、令人痛苦的美德。它研究如何生活，如何获取信息。斯多葛学派、伊壁鸠鲁派、犬儒主义崛起，成为越轨的人性的精神导师。他们磨炼它、增强它、向它展示一种新的生活方式，并拯救它的灵魂。同时，其他人跟随科学的浪潮，将生命奉献给知识的积累。在雅典，亚里士多德和追随者收集了在雅典上演的所有戏剧名单，细至它们的作者、演员、经理，他们还实地考察了 158 个城邦，写出了经典的分析，其中对雅典的分析留存至今。从中他们整理了大量事实。亚历山大大帝有自己的博物馆、图书馆和植物园。帕加马（Pergamum）、安条克（Antioch）和塔苏斯（Tarsus）有自己的学者群。通过运用批判性探究的方法，赫亚克利得斯在文学

1 《伊翁》，264。

2 当然了，前文对欧里庇得斯的评价并不完整。正如在第五章对品达和希罗多德的评价，在第七章对柏拉图的评价，我只是想详细论述他特定的一面，以作证我的观点。

史、泽诺多托斯（Zenodotus）和阿里斯塔库斯（Aristarchus）在文学批评、色雷斯的狄俄尼索斯在语法学、狄西阿库斯（Dicaearchus）在社会史、希帕克斯（Hipparchus）和欧几里得（Euclid）在天文学，希罗（Heron）在力学、埃拉托斯特尼（Eratosthenes）在地理学和制图学上都收集了海量数据，为科学奠定了基础。这些只是很少一部分名字。仅在建筑学领域，古罗马人瓦罗（Varro）就知道五十本古希腊专著。在哲学领域的研究也是如此彻底且宽泛。斯多葛主义者、犬儒主义者、柏拉图的追随者，还有亚里士多德的追随者都苦苦追寻美德和幸福，为物理学、形而上学、逻辑学、心理学和伦理学开阔了道路。

于是等到基督教诞生时，它发现世界有点像为它量身定做。这里有 237
旧瓶子，能装入她的新酒而不破裂。这里有形而上学和道德哲学，还有各种适合它的词汇。圣保罗会发现自己能轻易将“肉身”和“精神”对立起来。圣约翰会得到“逻各斯”(logos)，并通过它表达基督的位格；圣汤玛斯（S. Thomas）会得到亚里士多德的体系，并通过它提出福音书里的谜题。护教者会用古希腊的寓言法为旧约里的难点辩护。他们会利用古希腊哲学家的言论来反对希腊众神，引用柏拉图和欧麦鲁斯（Euemerus）的话来对抗宙斯。基督教的地狱、天堂和炼狱会从俄耳甫斯教徒描绘的来世图景中借鉴奖惩制度。因此，我们正和苏格拉底、欧里庇得斯站在古希腊生活与欧洲生活的分水岭上，眼前是无垠的景色。

> 一道光照亮了有序的万物（tanta patet rerum series atque omne futurum）
>
> 万物都将依靠它。(Nititur in lucem.)

这就是公元前五世纪的重要性。它为后人铺好了路，用理智打磨后人将使用的工具。若没有它，希腊对世界的贡献将不完整。公元前五世纪可以视为古希腊文明的一条分界线，这条分界线将为我们带来希腊最伟大的诗歌，但它也会带来一场将整个文明交给罗马帝国的运动，还为我们带来尊重知识的观念。若没有公元前五世纪和它的成就，希腊将极难对世界产生影响。

238 如果真是这样，为什么古希腊后期并不比早期更吸引人呢？为什么随着我们从苏格拉底谈到亚里士多德，从阿里斯托芬谈到泰奥弗拉斯托斯（Theophrastus），进入与我们情感更为相似的年代，看见思维更符合现代需求的人，我们的兴趣没有显著增加呢？我们是不是成了古板老学究，只关注特定的经典时代，并将自己局限于经典时代，排除其他一切，就像那些受过相同训练的学生，意识不到古希腊文化在喀洛尼亚（Chaeronea）战役后仍在流传，而且几乎不认识晚期思想家的名字？或者说，古希腊真的遭遇了衰退吗？尼采认为苏格拉底和欧里庇得斯是古希腊第一批颓废者，他是对的吗？这种争论不容易解决。但我们多数人都静静地在头脑中解决了它们。我们对雅典衰落后的希腊依然感兴趣，但我们并不为之疯狂。若命运赋予人们生活在古希腊的机会，但代价是只能选择公元前五世纪往后，有多少人会愿意接受？在一篇文章中，色诺芬谴责了雅典的衰败（尽管伯里克利说出了这些话，但观点显然是色诺芬的观点）。“我们如何才能将人转化为热爱美德、名誉和晚年幸福的样子？这座城市已经堕落。人们说，我们的老人远比同龄人优秀。”[1] 两代人过后，埃斯基涅斯以同样的口吻对聚集的雅典人讲话。“如果有人问你，你是否觉得这座城市如今比往日更辉煌，你们都会回答不
239 是。以前的人比现在好吗？是的，他们更优秀。我们远不如他们。”[2] 哪怕考虑上人类对自我贬低的热爱，这句陈述依然是对的。一股懈怠、柔弱之风开始席卷雅典人。如果德摩斯梯尼是对的，我们可以从雅典人不愿召集人手和财富与腓力开战这点看出来。公元前四世纪的语言神奇且含蓄地见证了这点。注意演说家在演讲时使用的形容词，观察它们修饰的对象。如果德摩斯梯尼想夸奖一个人，他会称他为“μέτριος，φιλάνθρωπος，πρᾷος”，即“节制、仁慈、温和”。这些是那个时代赞扬的品质；这些是那个时代选择的美德。这些品质本身是好的，但它们反

1 色诺芬，《回忆苏格拉底》，3. 5. 7 f.。

2 埃斯基涅斯，*In Ctes*，178。

复流露一种特定的柔弱无为之风，这是早期雅典所不熟悉的。早期雅典的美德更加主动。修昔底德不会称他的同胞“节制”。他描述他们时，常用的形容词是勇敢（ἄοκνοι）、有进取心（τολμηροί）、有创新精神（νεωτεροποιοί）、自信（τολμροί）。他赞扬地米斯托克力（Themistocles）拥有自然之力（φύσεως δύναμις）和快速判断力，赞扬伯里克利独立且诚实。

或许仅因一个国家崇尚人道主义美德就谴责它不太公平，毕竟我们都乐意拥有这些美德。但公元前四世纪确实出现了问题。在这以前，雅典的魅力变化多端，无法用言语明说，而这正是雅典生活的丰富与美丽所在。公元前四世纪后，这种魅力消失了。它离开了雅典，雅典表面上没有变化，就像一张曾经栩栩如生的脸庞悄无声息地褪没了朝气，虽然那脸上的五官一如当初纹丝未变。从此雅典成为一个有活力的市镇，其丰富的智力生活和政治利益引发了动乱，但和古罗马比起来只是小儿科。或许它在本质上和过去一样。或许伯里克利时代不过是一个漂浮的 240
气泡。或许修昔底德过去强迫我们关注微不足道的争辩，参与不如市政厅事务重要的事情。无论如何，他确实在强迫我们。现在我们不再被蒙蔽。

如果这是公元前四世纪的真相，那它也是之后几个世纪的真相。古希腊人承担起新责任，开展改变地球的新运动。他沉浸在精神世界里，色诺芬和克利阿科斯（Clearchus）的雇佣兵在军事世界里。他参与训练每一个被征服的种族，教育并影响他们，指导他们的消遣和空闲时间。我们在每个或小或大的首都见到他，从帕提亚（Parthia）到巴比伦到亚历山大港到罗马，他随时准备向雇主贩卖美德、艺术和知识的秘密；他在奥罗德斯（Orodes）的朝廷上表演《酒神的伴侣》修改伽卢斯（Cornelius Gallus）的诗篇，为李维·萨利纳托尔（Livius Salinator）的孩子翻译荷马的作品，是马略（Marius）家门下的诗人，是大西庇阿（Scipio Africanus）和尼禄（Nero）挑选的陪同。他有很多层伪装：他是罗马帝国的财政顾问，是罗马贵族门下的哲学家和聆听他们告解的人，是社会的寄生虫，是失望的罗马客户眼中“饥饿的希腊虫”。他是统治民族麾下的医生、乐师、修辞学家、演员、画家、走钢丝的人、手相师、按摩师。但他再也不是一个独立国家里的自由公民。

这持续的政治衰退使得古希腊晚期的生活失去光彩，也是古希腊晚期生活不具备吸引力的主要原因。但伴随而来的，还有微妙的精神退化。我们在阅读欧里庇得斯时就能预见这一点。他提出了尖锐的问题，
241 却没有找到解决之道。正统、传统、习俗在他周围都化为灰烬。他是一个不留情面的批评家，却不懂如何建造事物。人不能永远这样做下去。拉罗什富科（La Rochefoucauld）曾说，有两样东西，人绝不能用眼睛看太久，那就是太阳和死亡。我们或许可以加上第三样东西——欧里庇得斯眼中的宇宙。如果世界真的像他在《赫库芭》（Hecuba）、《特洛伊妇女》《伊翁》《厄勒克特拉》《希波吕托斯》里对我们展现的那样，那我们最好闭上眼睛，或者戴上能美化现实的眼镜。

公元前四世纪也感同身受。它承受了批判性不可知论常见的后遗症。起因不是哪种邪恶（怀疑论不一定导致犯罪，正如无神论世界不一定是邪恶淫荡的世界），而是来自懒散。人们厌倦了追逐永远无法寻得的真相，厌倦了付出大量努力，承受剧烈痛苦，却获得很少回报。他们开始害怕自己手上的任务；他们一想到这些事，就觉得痛苦万分，于是他们转向一条更轻松的道路。高雅文学研究人物而不是描绘事件，时常在“为艺术而艺术”的理念下追求艺术效果；受过教育的人对生活的态度也随之改变。一代人在不愿承担风险、极少取得进步中成长，他们对智力满足于“差不多可以”，但对于个人收入可不是这般态度。活力天性渐渐被功名利禄所替代；生活变得固步自封、不思进取。这种社会里，大众的观念普遍更世俗，理想也更平庸——无论是“世俗”还是“平庸”，都不能算高层次人类文明。喜剧就是为这种社会而写，我
242 们所说的喜剧，没有了阿里斯托芬粗野的活力，取而代之的是米南德（Menander）、莫里哀（Molière）、康格里夫（Congreve）或现代法国学派的那种温和与机智。

这就是为什么新喜剧在公元前四世纪如此盛行，成为那个年代最重要的文学成就。米南德是新的欧里庇得斯。他从前辈那里学到了理想化

的女性角色、对日常生活的兴趣和精致文风。但他没有学到老师深刻的严肃精神。悲剧退化为喜剧，对真理的激情探索变为对琐事的零星批判。男女英雄让位给了交际花、丑角、厨师和奴隶；而悲剧里的挣扎，濒死的希波吕托斯和瞎眼的俄狄浦斯，则被心碎爱人的泪水和饥饿食客的胃痛所取代。米南德的理想是一种舒适、平庸的生活——正如资产阶级那种年轻不愁吃，中年不愁娶的理想。

毫无疑问，在雅典还有比米南德更高尚、更有活力的头脑。但就连他们也经历了下坡路。行动开始与思考分家，一批只愿旁观生活的思考家横空出世；最优秀的那些说服人们相信旁观的智慧，但他们也不太强求世界接受这点，最差劲的那些满足于衡量评价一千种他们自己也不相信的理论，然后一种也不付诸实践。阅读亚里士多德时，我们不可能不注意到，尽管他的政治理论一开始符合现实需要，但他满足于创造他自己的理想城邦，对将它变为现实几乎不感兴趣。他活着是为了学习知识，而不是让知识作用于现实。即使是柏拉图，也难免深受其所处时代 243
的影响，也承认自己的理想国只存在于想象。他太清楚即使在人类最辉煌的时代，人的努力也是徒劳无功的，而且他没有耐心应对漫长的旅程，不愿意跋涉崎岖泥泞的道路。于是他离开地球，放弃自我，在一览无遗、慢条斯理的智力太空里流浪，

在天空和太阳上（ἀεροβατῶν καὶ περιφρονῶν τὸν ἥλιον）

就像上一代嘲笑同胞的阿里斯托芬，建造了自己的空中城堡，不受任何人干扰、污染或破坏。

接下来的一个世纪带来了一场复兴，哲学再一次变得实用。历史上没有多少事件，能比斯多葛主义者和犬儒主义者试图用美德拯救人类更惊人。或许这些时代比古希腊早期更值得我们感谢。但新世界终归与旧世界不同。希腊永远失去了两样东西——自由和早期古希腊文学的辉煌。

尾声

245 尽管学校开设古典课程，并且报纸对雅典的辉煌大书特书，大众从来不将古希腊文学视作鲜活的文学。大多数人——他们很多上过公立学校——将它与埃及文明或亚述文明混为一谈，认为它们都具有某种考古学意义，但不适合大众教育。就算有人意识到它不止如此，有多少人认为它真的鲜活？有多少人会转向古希腊作家，期待遇见一种对现实生活的批判，和对我们时代文学的批判同样真实且尖锐？又有多少人期待随着他们阅读，古希腊悲剧会为他们改变世界，解释世界，正如莎士比亚做的那样？有多少人认为荷马或埃斯库罗斯的理念和弥尔顿或屈莱顿的理念同样实用，或认为修昔底德和欧里庇得斯比狄更斯或萨克雷更符合真正意义上的“现代”？

“古代”和“现代”；“过时”和“鲜活”——课本常用的对照法欺骗了我们，我们全盘接受这些形容词，将“古代”与“陈旧”混淆，“当代”与“现代”混淆。如果一门语言现在仍被使用，一种宗教现在仍被推崇，我们会急忙宣称它各方面都很“现代”。如果一个东西“古
246 代”或“古时”，我们会认为它不过是旧日垃圾堆里的一片垃圾。但旧

时思想不一定过气，当代思想也不一定有价值。否则，我们会得出这样几个古怪结论：班图语（Bantu）是“现代”语言，班图族的宗教是“现代”宗教；古希腊文化已被淘汰，因为它离我们已经有十六个世纪之远，而且还起源于奥古斯都帝国。[1]

但，古希腊思想仍和我们当下的思想同样鲜活。古希腊式自由能教导我们宽容，一直到十九世纪，甚至在十九世纪都适用。古希腊式心理健全是一管清新剂，适合净化现代文学的下流幽默。古希腊式直率可以训练我们理清思路，审视情感。古希腊式人文主义是基督教最清晰、最简单的形式，不像圣保罗及后来许多神父说的那样：我们在柏拉图身上就能听到他们的声音，预见基督教的来临。[2] 最后一章提到的这些人物现象，有很多我们都可以在现代找到对应版本，有很多我们都可以替换 247
成现代名字。将雪莱激昂的理想主义和对美的热爱，与易卜生冷酷的洞察力和对生活细节的热爱结合起来——你得到了欧里庇得斯。法国用小仲马重现了米南德。智者学派在十几个受欢迎的教师身上复活。布尔热（Bourget）先生在《弟子》（Le Disciple）里研究了其中一位“诱惑青年的人”带来的致命影响，而那位哲学家和他腐败的学生几乎可以被认为是苏格拉底和其中一位被指责堕落的年轻人。没有多少作品比 H · G · 威尔斯先生的作品更具有真正意义上的“智者精神”，那些作品大言不惭地表达想法，话题广泛，对大众有吸引力，对科学知识一知半解，装作具有科学精神。那柏拉图呢？读过布伦退尔（Brunetière）先生《在信仰之路上》（Sur les chemins de la croyance）和勒内 · 巴赞（René Bazin）小说的人，都会觉得就算现代法国缺少一位柏拉图，但

1　在这几段里，我只是讲出我认为大多数人持有的观点；而且我不是在强迫大家信奉古希腊文化；这是一个完全不同的问题，而且我希望能巧妙避开它。

2　古希腊思想很有教育意义的其中一个原因在，它不断触及本质问题，强迫我们注意这些问题，所以它是文学和思想的基础。因此古希腊式直率提出了事关浪漫主义价值的重要文学问题，古希腊式人文主义展示了基督教和人文主义生活观之间的差别（参见本书第 123—124 页）。
下文关于古希腊“现代性”的评论是为了突出古希腊思想与我们的关联，它与我们的差异之处被刻意忽略了。

法国依然具备那曾培植出柏拉图的精神土壤，那使他从唯物主义走向唯心主义，从散乱的个人无政府主义转变为革命的保守主义的种种社会条件。或许若纽曼晚一代人出生，我们就能看到类似柏拉图的人再次出现在地球上了。

现在，让我们结束容易走偏的对比，来总结我们与古希腊相近的地方。首先是古希腊式人文主义。我们已经说过很多次，古希腊象征着简单、大方的人文主义，允许各类天性释放。古希腊不受神启的指引，不强制妨碍或模仿神，独立回答了人该如何活的问题。我们时代有这样一
248 种倾向，要么否认天神以任何方式启示我们该如何举止，要么在人性自身找到这种启示。无论哪种情况，我们都被交回给自己，向自己寻求指引。这就是古希腊影响如此之大的原因。古希腊人是唯一以类似方式看待这个问题的民族；他们是唯一给出了答案的民族。于是我们转向古希腊，开始明白古希腊人的意思；我们开始细究他们的看法，并接受一部分看法。德国的冯·维拉莫维茨–默伦多夫教授、英格兰的默里教授都以前无古人的深度进入了古希腊人的头脑。

其次——如我们之前所说，这也是让我们与公元前五世纪紧密联系的地方——在我们的文明之前，唯一会思考的文明只有古希腊文明。古希腊试图将生活建立在理性上。但随着古希腊—罗马文化（Graeco-Roman culture）的消亡，人类躲进一系列政治与智力的专制独裁中，这种情况一直持续到中世纪；罗马天主教廷进化成了一个体系，帮助人们省下思考神学与道德的时间；君权神授的理论就算没有彻底摧毁政治思想，也将它囚禁在了方圆之内。在宗教改革时期，世界庄严宣布自己取得自由，尽管它还未完全理解这番宣言的意味；在接下来的几个世纪里，世界逐渐实现自由。如今世界已基本完成解放，将理性视为普世标准之一，并对生活理念进行打磨，以符合这条标准。总而言之，我们在重启智者、苏格拉底、欧里庇得斯和柏拉图多年以前从另一个立场
249 尝试的任务。因此我们在深层次与他们有共鸣，这在之前的时代是不可能的；上述人物中的其中一位，欧里庇得斯，在批评家眼中一直是个谜团、绊脚石，直到他迎来能理解他的时代。这是他的精神所处的时代。

这就是古希腊离我们的时代比离过去时代更近的两大原因。它们纯属巧合：我们眼下恰好和某一时期的希腊人采取了部分相同的生活态度，于是他们在我们眼中显得鲜活而现代。但还有另一个原因，且更重要是它赋予了古希腊新生命，让古希腊在遥远的年代依然保持活力。我们不能忘记这点，也不能在古希腊文化里只看到古希腊思想与我们暂时的联系。古希腊文学有强大的现实基础，它是不朽的，所有思想和表达都可以像它那样不朽，只要它们有真实、正确的笔触；它有艺术（从任何意义上来看）的不朽性。普鲁塔克曾对这项品质做出更深度的描述，他的描述或许恰好可以用来形容古希腊智慧；普鲁塔克本想描述卫城的伯里克利时期建筑，但他的话还可以涵盖更多东西。“因为这个原因，这些作品才如此美妙；因为它们在短时间内完成，又如此完美，还持续了如此之久。刚刚落成之时，它们看起来就极具年代感，美轮美奂，古色古香；随着时光流逝，它们却依然优雅风姿不减，一如当年刚刚建成，散发着经久不衰的清新之感，仿佛岁月从来不曾光顾，丝毫无损其美。每一件完工的作品都仿佛拥有活生生的灵魂，让它看上去活力四 250
射，好像这些作品都有亘古不灭的灵魂，让它们永不衰退。”[1] 这就是对古希腊文学最公正的描述。

1　*Vit. Periclis*，13（tr. North）.

上海三联人文经典书库

已出书目

1.《世界文化史》(上、下) [美]林恩·桑戴克 著 陈廷璠 译
2.《希腊帝国主义》 [美]威廉·弗格森 著 晏绍祥 译
3.《古代埃及宗教》 [美]亨利·富兰克弗特 著 郭子林 李凤伟 译
4.《进步的观念》 [英]约翰·伯瑞 著 范祥涛 译
5.《文明的冲突:战争与欧洲国家体制的形成》 [美]维克多·李·伯克 著 王晋新 译
6.《君士坦丁大帝时代》 [瑞士]雅各布·布克哈特 著 宋立宏 熊 莹 卢彦名 译
7.《语言与心智》 [俄]科列索夫 著 杨明天 译
8.《修昔底德:神话与历史之间》 [英]弗朗西斯·康福德 著 孙艳萍 译
9.《舍勒的心灵》 [美]曼弗雷德·弗林斯 著 张志平 张任之 译
10.《诺斯替宗教:异乡神的信息与基督教的开端》 [美]汉斯·约纳斯 著 张新樟 译
11.《来临中的上帝:基督教的终末论》 [德]于尔根·莫尔特曼 著 曾念粤 译
12.《基督教神学原理》 [英]约翰·麦奎利 著 何光沪 译
13.《亚洲问题及其对国际政治的影响》 [美]阿尔弗雷德·马汉 著 范祥涛 译
14.《王权与神祇:作为自然与社会结合体的古代近东宗教研究》(上、下) [美]亨利·富兰克弗特 著 郭子林 李 岩 李凤伟 译
15.《大学的兴起》 [美]查尔斯·哈斯金斯 著 梅义征 译
16.《阅读纸草,书写历史》 [美]罗杰·巴格诺尔 著 宋立宏 郑 阳 译

17.《秘史》 [东罗马]普罗柯比 著 吴舒屏 吕丽蓉 译
18.《论神性》 [古罗马]西塞罗 著 石敏敏 译
19.《护教篇》 [古罗马]德尔图良 著 涂世华 译
20.《宇宙与创造主:创造神学引论》 [英]大卫·弗格森 著 刘光耀 译
21.《世界主义与民族国家》 [德]弗里德里希·梅尼克 著 孟钟捷 译
22.《古代世界的终结》 [法]菲迪南·罗特 著 王春侠 曹明玉 译
23.《近代欧洲的生活与劳作(从15—18世纪)》 [法]G.勒纳尔 G.乌勒西 著 杨 军 译
24.《十二世纪文艺复兴》 [美]查尔斯·哈斯金斯 著 张 澜 刘 疆 译
25.《五十年伤痕:美国的冷战历史观与世界》(上、下) [美]德瑞克·李波厄特 著 郭学堂 潘忠岐 孙小林 译
26.《欧洲文明的曙光》 [英]戈登·柴尔德 著 陈 淳 陈洪波 译
27.《考古学导论》 [英]戈登·柴尔德 著 安志敏 安家瑗 译
28.《历史发生了什么》 [英]戈登·柴尔德 著 李宁利 译
29.《人类创造了自身》 [英]戈登·柴尔德 著 安家瑗 余敬东 译
30.《历史的重建:考古材料的阐释》 [英]戈登·柴尔德 著 方 辉 方堃杨 译
31.《中国与大战:寻求新的国家认同与国际化》 [美]徐国琦 著 马建标 译
32.《罗马帝国主义》 [美]腾尼·弗兰克 著 宫秀华 译
33.《追寻人类的过去》 [美]路易斯·宾福德 著 陈胜前 译
34.《古代哲学史》 [德]文德尔班 著 詹文杰 译
35.《自由精神哲学》 [俄]尼古拉·别尔嘉耶夫 著 石衡潭 译
36.《波斯帝国史》 [美]A.T.奥姆斯特德 著 李铁匠等 译
37.《战争的技艺》 [意]尼科洛·马基雅维里 著 崔树义 译 冯克利 校
38.《民族主义:走向现代的五条道路》 [美]里亚·格林菲尔德 著 王春华等 译 刘北成 校
39.《性格与文化:论东方与西方》 [美]欧文·白璧德 著 孙宜学 译
40.《骑士制度》 [英]埃德加·普雷斯蒂奇 编 林中泽 等译
41.《光荣属于希腊》 [英]J.C.斯托巴特 著 史国荣 译

42.《伟大属于罗马》 [英]J. C. 斯托巴特 著 王三义 译
43.《图像学研究》 [美]欧文·潘诺夫斯基 著 戚印平 范景中 译
44.《霍布斯与共和主义自由》 [英]昆廷·斯金纳 著 管可秾 译
45.《爱之道与爱之力:道德转变的类型、因素与技术》 [美]皮蒂里姆·A.索罗金 著 陈雪飞 译
46.《法国革命的思想起源》 [法]达尼埃尔·莫尔内 著 黄艳红 译
47.《穆罕默德和查理曼》 [比]亨利·皮朗 著 王晋新 译
48.《16世纪的不信教问题:拉伯雷的宗教》 [法]吕西安·费弗尔 著 赖国栋 译
49.《大地与人类演进:地理学视野下的史学引论》 [法]吕西安·费弗尔 著 高福进 等译
50.《法国文艺复兴时期的生活》 [法]吕西安·费弗尔 著 施 诚 译
51.《希腊化文明与犹太人》 [以]维克多·切利科夫 著 石敏敏 译
52.《古代东方的艺术与建筑》 [美]亨利·富兰克弗特 著 郝海迪 袁指挥 译
53.《欧洲的宗教与虔诚:1215—1515》 [英]罗伯特·诺布尔·斯旺森 著 龙秀清 张日元 译
54.《中世纪的思维:思想情感发展史》 [美]亨利·奥斯本·泰勒 著 赵立行 周光发 译
55.《论成为人:神学人类学专论》 [美]雷·S.安德森 著 叶 汀 译
56.《自律的发明:近代道德哲学史》 [美]J.B.施尼温德 著 张志平 译
57.《城市人:环境及其影响》 [美]爱德华·克鲁帕特 著 陆伟芳 译
58.《历史与信仰:个人的探询》 [英]科林·布朗 著 查常平 译
59.《以色列的先知及其历史地位》 [英]威廉·史密斯 著 孙增霖 译
60.《欧洲民族思想变迁:一部文化史》 [荷]叶普·列尔森普 著 周明圣 骆海辉 译
61.《有限性的悲剧:狄尔泰的生命释义学》 [荷]约斯·德·穆尔 著 吕和应 译
62.《希腊史》 [古希腊]色诺芬 著 徐松岩 译注

63.《罗马经济史》 [美]腾尼·弗兰克 著 王桂玲 杨金龙 译
64.《修辞学与文学讲义》 [英]亚当·斯密 著 朱卫红 译
65.《从宗教到哲学:西方思想起源研究》 [英]康福德 著 曾 琼 王 涛 译
66.《中世纪的人们》 [英]艾琳·帕瓦 著 苏圣捷 译
67.《世界戏剧史》 [美]G.布罗凯特 J.希尔蒂 著 周靖波 译
68.《20 世纪文化百科词典》 [俄]瓦季姆·鲁德涅夫 著 杨明天 陈瑞静 译
69.《英语文学与圣经传统大词典》 [美]戴维·莱尔·杰弗里(谢大卫)主编 刘光耀 章智源等 译
70.《刘松龄——旧耶稣会在京最后一位伟大的天文学家》 [美]斯坦尼斯拉夫·叶茨尼克 著 周萍萍 译
71.《地理学》 [古希腊]斯特拉博 著 李铁匠 译
72.《马丁·路德的时运》 [法]吕西安·费弗尔 著 王永环 肖华峰 译
73.《希腊化文明》 [英]威廉·塔恩 著 陈 恒 倪华强 李 月 译
74.《优西比乌:生平、作品及声誉》 [美]麦克吉佛特 著 林中泽 龚伟英 译
75.《马可·波罗与世界的发现》 [英]约翰·拉纳 著 姬庆红 译
76.《犹太人与现代资本主义》 [德]维尔纳·桑巴特 著 艾仁贵 译
77.《早期基督教与希腊教化》 [德]瓦纳尔·耶格尔 著 吴晓群 译
78.《希腊艺术史》 [美]F.B.塔贝尔 著 殷亚平 译
79.《比较文明研究的理论方法与个案》 [日]伊东俊太郎 梅棹忠夫 江上波夫 著 周颂伦 李小白 吴 玲 译
80.《古典学术史:从公元前 6 世纪到中古末期》 [英]约翰·埃德温·桑兹 著 赫海迪 译
81.《本笃会规评注》 [奥]米歇尔·普契卡 评注 杜海龙 译
82.《伯里克利:伟人考验下的雅典民主》 [法]樊尚·阿祖莱 著 方颂华 译
83.《旧世界的相遇:近代之前的跨文化联系与交流》 [美]杰里·H.本特利 著 李大伟 陈冠堃 译 施 诚 校
84.《词与物:人文科学的考古学》修订译本 [法]米歇尔·福柯 著 莫伟民 译
85.《古希腊历史学家》 [英]约翰·伯里 著 张继华 译
86.《自我与历史的戏剧》 [美]莱因霍尔德·尼布尔 著 方 永 译

87.《马基雅维里与文艺复兴》［意］费代里科·沙博　著　陈玉聃　译
88.《追寻事实:历史解释的艺术》［美］詹姆士　W.戴维森　著　［美］马克　H.利特尔著　刘子奎　译
89.《法西斯主义大众心理学》［奥］威尔海姆·赖希　著　张　峰　译
90.《视觉艺术的历史语法》［奥］阿洛瓦·里格尔　著　刘景联　译
91.《基督教伦理学导论》［德］弗里德里希·施莱尔马赫　著　刘　平　译
92.《九章集》［古罗马］普罗提诺　著　应　明　崔　峰　译
93.《文艺复兴时期的历史意识》［英］彼得·伯克　著　杨贤宗　高细媛　译
94.《启蒙与绝望:一部社会理论史》［英］杰弗里·霍松　著　潘建雷　王旭辉　向　辉　译
95.《曼多马著作集:芬兰学派马丁·路德新诠释》［芬兰］曼多马　著　黄保罗　译
96.《拜占庭的成就:公元 330～1453 年之历史回顾》［英］罗伯特·拜伦　著　周书垚　译
97.《自然史》［古罗马］普林尼　著　李铁匠　译
98.《欧洲文艺复兴的人文主义和文化》［美］查尔斯·G.纳尔特　著　黄毅翔　译
99.《阿莱科休斯传》［古罗马］安娜·科穆宁娜　著　李秀玲　译
100.《论人、风俗、舆论和时代的特征》［英］夏夫兹博里　著　董志刚　译
101.《中世纪和文艺复兴研究》［美］T.E.蒙森　著　陈志坚　等译
102.《历史认识的时空》［日］佐藤正幸　著　郭海良　译
103.《英格兰的意大利文艺复兴》［美］刘易斯·爱因斯坦　著　朱晶进　译
104.《俄罗斯诗人布罗茨基》［俄罗斯］弗拉基米尔·格里高利　耶维奇·邦达连科　著　杨明天　李卓君　译
105.《巫术的历史》［英］蒙塔古·萨默斯　著　陆启宏　等译　陆启宏　校
106.《希腊-罗马典制》［匈牙利］埃米尔·赖希　著　曹　明　苏婉儿　译
107.《十九世纪德国史(第一卷):帝国的覆灭》［英］海因里希·冯·特赖奇克　著　李　娟　译
108.《通史》［古希腊］波利比乌斯　著　杨之涵　译

109.《苏美尔人》 [英]伦纳德·伍雷 著 王献华 魏桢力 译
110.《旧约：一部文学史》 [瑞士]康拉德·施密特 著 李天伟 姜振帅 译
111.《中世纪的模型：英格兰经济发展的历史与理论》 [英]约翰·哈彻 马可·贝利 著 许明杰 黄嘉欣 译
112.《文人恺撒》 [英]弗兰克·阿德科克 著 金春岚 译
113.《罗马共和国的战争艺术》 [英]弗兰克·阿德科克 著 金春岚 译
114.《古罗马政治理念和实践》 [英]弗兰克·阿德科克 著 金春岚 译
115.《神话历史：现代史学的生成》 [以色列]约瑟夫·马里 著 赵琪 译
116.《论人的理智能力及其教育》 [法]爱尔维修 著 汪功伟 译
117.《俄罗斯建筑艺术史：古代至19世纪》 [俄罗斯]伊戈尔·埃马努伊洛维奇·格拉巴里 主编 杨明天 王丽娟 闻思敏 译
118.《论革命：从革命伊始到帝国崩溃》 [法]托克维尔 著 [法]弗朗索瓦丝·梅洛尼奥 编 曹胜超 崇明 译
119.《作为历史的口头传说》 [比]简·范西纳 著 郑晓霞等 译 张忠祥等 校译
120.《过去的诞生》 [美]扎卡里·赛尔·席夫曼 著 梅义征 译
121.《历史与历史学家：理查德·威廉·索森选集》 [英]罗伯特·J.巴特莱特 编著 李腾 译
122.《希腊数学史：从泰勒斯到欧几里得》 [英]托马斯·希思 著 秦传安 译
123.《希腊数学史：从阿利斯塔克到丢番图》 [英]托马斯·希思 著 秦传安 译
124.《古希腊寡头政治：特征与组织形式》 [英]伦纳德·惠布利 著 孙晶晶 李宏伟 翟思诺 译
125.《1914—1918年俄国的粮食市场及其调节》 [苏]尼古拉·德米特里耶维奇·康德拉季耶夫 著 张广翔 钟建平 译
126.《中世纪的图书馆》 [美]詹姆斯·韦斯特福尔·汤普逊 著 张淑清 郑军 译
127.《耶稣时期的犹太世界》 [法]查尔斯·吉尼伯特 编 金春岚 译

图书在版编目(CIP)数据

古希腊智慧/(英)理查德·利文斯顿著;张艳,
许敏译.—上海:上海三联书店,2024.4
ISBN 978-7-5426-7287-2

Ⅰ.①古… Ⅱ.①理… ②张… ③许… Ⅲ.①文化史
-古希腊 Ⅳ.①K125

中国版本图书馆 CIP 数据核字(2020)第 246218 号

古希腊智慧

著　　者 / [英]理查德·利文斯顿
译　　者 / 张　艳　许　敏

责任编辑 / 殷亚平
装帧设计 / 徐　徐
监　　制 / 姚　军
责任校对 / 王凌霄

出版发行 / 上海三联书店
(200041)中国上海市静安区威海路 755 号 30 楼
邮　　箱 / sdxsanlian@sina.com
联系电话 / 编辑部:021-22895517
发行部:021-22895559
印　　刷 / 上海展强印刷有限公司

版　　次 / 2024 年 4 月第 1 版
印　　次 / 2024 年 4 月第 1 次印刷
开　　本 / 640 mm×960 mm　1/16
字　　数 / 160 千字
印　　张 / 13
书　　号 / ISBN 978-7-5426-7287-2/K·621
定　　价 / 58.00 元

敬启读者,如发现本书有印装质量问题,请与印刷厂联系 021-66366565